결국, 오프라인

결국,
오프라인

경험하고, 공감하고, 관계 맺는 '공간'의 힘

최원석 지음

POP-UP STORE

*design*house

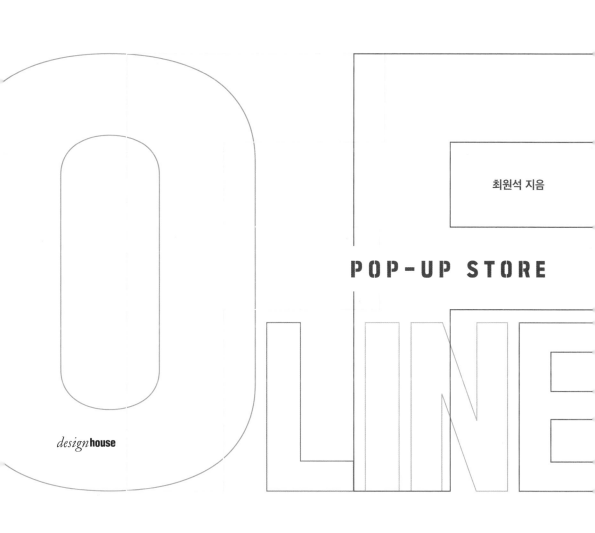

오프라인은 브랜드가 고객과 진실된 관계를 구축하는,

새로운 커뮤니케이션 미디어다.

인간, 브랜드,
그리고 오프라인

시간은 흐른다. 자연은 늘 그대로인 것 같지만 끊임없이 변화하고, 어느 순간 밀물처럼 변화를 완성해 새로운 환경을 창조한다. 인간은 변화를 추동력 삼아 문명과 시장을 일궈 왔다. 자본주의 시장의 변화는 롤러코스터처럼 과격할 때도 있었고, 회전목마처럼 온건할 때도 있었다. 그 무심한 변화의 흐름 속에서 시대를 구분지을 분기점이 찾아오기도 했다. 그때의 변화는 낙관보다는 비관을, 안정보다는 불안을 내면화할 만큼 세차고 거칠었다. 4차 산업혁명 이후 대지진과 같은 변화의 물결이 덮쳐 온 지금 우리 시대의 모습처럼 말이다.

이 세상에는 있어야 할 모든 것이 있고, 물질의 결핍이 아닌 욕망의 결핍이 가치를 만든다. 거듭되는 시장의 진화에 소비자는 자기동일성을 거스르며 동조했다. 월드와이드웹이 세상에 등장하기 이전과 이후의 소비자는 다르고, 스마트폰이 대중화되기 이전과 이후의 소비자는 상이하며, 팬데믹 이전과 이후의 소비자는 판이하다(생성형 AI가 보편적으로 상용화된 시점의 소비자는 과연 어떠할까). 단지 소비자라는 사회적 합의의 언어로 묶여 있을 뿐이다. 포장지가 같다고 내용물도 같은 것은 아니다.

이 글을 읽는 당신이 세상의 변화를 체감하든 체감하지 못하든, 변화 자체가 진행되었고 또 진행 중이라는 사실에는 변함이 없다. 전통적 주류 경제학에서 강조하는 이성의 '합리성'보다 행동경제학에서 집중하는 본성의 '비합리성'이 지금 소비자의 생각과 마음과 행위를 더 잘 설명한다. 박제화된 사고방식으로는 이 현상을 받아들일 수 없다.

이에 따라 공간space도, 장소place도, 오프라인도 달라졌다. 가장 변화에 둔감하고 저항이 큰 부동산不動産마저 유동화되고 있다. 이 역설적인 현상이 시사하는 것은 무엇일까. 기계적이고 상투적인 비즈니스 마인드로는 변화에 대응할 수도, 의미 있는 가치를 만들 수도, 무엇보다 시대의 변화만큼 진화한 소비자를 이해하거나 그들과 커뮤니케이션할 수 없다는 것이다.

무지의 베일에 싸인 소비자

비즈니스 현장에서는 오직 소비자
가 동의하고 만족하는 가치만이 살아남는다. 물질 과잉 시대에는
공급자 중심의 세계관이 무력하다. 그런데 공급자 관점을 벗어나
려 하니, 무지의 문제가 개입한다. 우리는 소비자를 아는가? 소비
자에 대해 진중하게 고민해 본 적이 있는가? 실제 소비자는 어떤
존재인가?

소비자는 콘텍스트에 따라 민감하게 변화하기에 정형화하거나
규격화할 수 없다. 그래서 대부분 소비자를 모른다. 나도 마찬가지
다. 이해하기 위해 노력할 뿐이다. 다만 소비자가 대상이 아니라
인격이라는 것은 안다. 소비자의 인격은 보편적이지 않고, 구체적
이고 개별적이다. 소비자의 본질에 관한 질문은 '소비자는 무엇인
가'가 아니라 '소비자는 누구인가'에서 시작되어야 한다. 이 뉘앙스
의 차이가 파급력을 만든다.

수요가 공급을 압도할 때, 그러니까 넘치는 인구가 부족한 물자
를 두고 소유 경쟁하던 가까운 과거에는 소비자를 알기 위해 애쓸
필요가 없었다. 새로운 상품을 출시하거나 새로운 공간을 만들면
사람들이 알아서 몰려들었다. 그래서일까. 한 조직에 오래 머물거
나, 성능 좋은 제품을 출시해 재미를 봤거나, 제조업 세계관에 익
숙하거나, 큰 비즈니스big business를 할수록 소비자를 안다고 확신한

다. 그들이 아는 소비자와 지금의 소비자가 일치하지 않을지라도 확신을 꺾지 않는다.

상식은 사회를 구성하고 유지하는 기본 틀이다. 사회적 인간은 상식의 지배를 받는다. 변화무쌍한 이 세계에 영원한 것이 없듯, 가끔 상식이 전복될 때가 있다. 그때 사회는 변화한다. 세상을 뒤바꾸는 결정적 변화는 단계적이거나 점진적이지 않고, 단절적이고 폭발적인 양상을 보인다. 흡사 거친 혁명자의 모습처럼 등장한 새로운 패러다임은 세계를 장악하고, 기존의 패러다임을 밀어내고 경쟁하며, 우리를 그 세계로 떠민다. 과학사학자이자 철학자 토머스 쿤이 《과학혁명의 구조》에서 역설하는 '패러다임의 전환'이다.

공급 부족에서 공급 과잉으로, 생산자 중심에서 소비자 중심으로 전복된 비즈니스 환경은 이전 환경의 DNA를 가지고 있지만, 유기적으로 연결된 것은 아니다. 오히려 기존의 성공 경험으로 이해하거나 해석할 수 없는 완전히 새로운 스테이지다. 서울과 시베리아는 같은 지구에 있을지라도, 위치한 대륙이 다르고 그 안에 사는 생명들의 생존 프레임도 다르다. 서로 다른 대륙에서는 대부분 같은 언어를 쓰지 않는다. 공급자 중심의 언어로 소비자 중심의 세계에서 소통할 수 없다. 소통할 수 없으면 비즈니스는 불가능하다.

구시대적 확신으로 편향된 비즈니스맨들이 업무 현장에 빼곡하다. 이런 환경에서 실제 소비자에게 들어맞는 마케팅이 요원한 것은 당연하다. 막대한 마케팅 비용을 들이고도 요즘 소비자의 마음을 얻지 못하는 근본적인 이유는 소비자 중심으로 전환된 시장 패러다임을 읽지 못하거나, 달라진 소비자를 받아들이지 않으려 하는 굳은 태도 때문이다. 시대의 변화는 익숙한 것들을 다시 생각해보라 채근한다. 적어도 수요 공급의 역전된 관계를 놓고 볼 때, 공급자에게 익숙하고 편한 단어는 소비자 관점에서 재정의되어야 한다. 이 과정은 현실과 동떨어진 한가한 지적 활동이 아니다. 비즈니스의 존폐, 즉 생존과 직결된 문제다.

비즈니스의 범위는 무한하다. 인간성을 잃어 가며 좁은 판에서 경쟁하기보다는 사람에 집중해 새로운 판을 개척해야 앞이 보이고 속도 편하다. 언제나 본질은 사람이다. 사람이 행하는, 혹은 사람과 사람이 모여 행하는 유무형의 모든 활동에서 비즈니스가 이루어진다. 이 방대한 활동에서 거론되는 모든 단어를 재정의할 수는 없다. 내가 이 책에서 집중해서 이야기하고자 하는 것은 오프라인 위기 시대, 그럼에도 불구하고 소비자가 필요로 하는 오프라인이다. '프로젝트 렌트'(이하 '렌트'와 혼용)라는 실험적인 사업체를 운영하며, 어떻게 오프라인이 온라인의 편의성을 넘어서는 가치를 제공할 수 있는지, 소비자와 다정한 관계를 맺는 장소의 본질이 무엇인지, 사람들이 기꺼이 머물며 발견의 기쁨을 찾는 공간의 조건은 무엇인지 궁리했다. 그 경험을 나누어 보고자 한다.

오프라인 매거진,
그리고 '스몰 브랜드, 빅 스토리'

　　　　　　　　　　　대학에서 산업 디자인을 전공했다. 전공에 애착이 있는 편이다. 운송 디자인을 전문적으로 배우고 싶었지만, 자동차 디자인에 딱히 흥미를 느끼지 못해 제품 디자인으로 방향을 틀었다. 디자인은 개인의 순수 예술 활동을 지지하거나 손 빠른 오퍼레이터를 양산하는 분과가 아니라, 문제 해결에 주안점을 둔 관계성 기반의 실용 학문이라는 것을 깨달았다.

　학교에서 노는 게 제일 재밌었지만, 학교 밖에서도 하고 싶은 일이 많아 휴학 기간이 길었다. 아르바이트해 번 돈으로 밥은 안 사먹어도 커피는 사 마셨고(우아하고 이색적인 카페를 경험하는 게 낙이었다), 영화판에서 콘티 작업을 하며 열정페이의 한계를 절감했으며(박카스 마시며 하루가 멀게 밤새웠다), 내로라하는 완구 기업과 로봇 캐릭터를 만들며 결정적으로 일이 되게 하는 힘은 창의적 발상이 아니라 자본과 비즈니스 전략에 있다는 것을 통감했다(일본의 유명 애니메이션 기업 디렉터에게 완성도를 인정받았지만, 비즈니스 전략의 부재로 내가 캐릭터를 잡은 로봇은 세상의 빛을 볼 수 없었다).

　졸업 후 제조업, 서비스업, 스타트업 조직에서 일했다. 세 업계는 업무 강도가 세다는 것 외에 어떤 연결점이 없는 이질적인 대륙 같았다. 365일 중 300일 넘게 출근하며, 특정 산업마다 '가치' 산출

방식이 다르다는 것을 배웠다.

그리고 독립했다. 브랜드 컨설팅 회사 필라멘트앤코를 운영하며 세 가지 무거운 사실을 목격했다. 시장에 대한 공급자의 뿌리 깊은 착각, 첫발을 떼고자 하는 브랜드에게 여전히 높은 시장의 문턱, 기존 마케팅 채널의 노후화를 말이다. 덕분에 모두가 오프라인 위기를 거론하며 온라인으로 달려갈 때, 오히려 오프라인의 가능성이 새롭게 눈에 들어왔다. 아날로그만이 줄 수 있는 정서적 충만감에 온라인에서는 죽었다 깨나도 발견할 수 없는 오감 충족형 경험이 더해진다면, 오프라인이 강력한 마케팅 채널이 될 수 있지 않을까. 예나 지금이나 오프라인은 소비자와 브랜드가 '직접' 만나 관계 맺는 매체고, 실제로 다종다양한 오프라인이 들어선 거리가 광고판으로 기능하므로 이는 터무니없는 상상이 아니었다. 뉴욕의 타임스퀘어나 런던의 피커딜리서커스는 자본의 한가운데서 정보를 발신하는 커뮤니케이션 플랫폼으로 자리하고 있었다.

'오프라인 매거진'을 지향하며, 경험을 파는 오프라인 마케팅 플랫폼 프로젝트 렌트를 시작했다. 매거진의 본질은 콘텐츠, 커뮤니케이션, 변화라 생각했고, 공간을 통해 그 본질을 입체적으로 구현하고 싶었다. 목적성이 정해지니 방향과 형식이 따라왔다. 브랜드와 소비자를 잇는 단기 콘텐츠 플랫폼을 1차 비즈니스 모델로 잡았다. 그 모델을 대중 친화적으로 구현하는 최적의 방편은 팝업스토어Pop-up Store(흔히 스토어를 생략하고 팝업이라고 한다)였다. 현재 많은 사람이 렌트 하면 팝업을 떠올리지만, 팝업은 오프라인 기반 마케팅 커뮤니케이션의 목적을 구현하는 최적의 수단이었을 뿐 팝업 자체가 목적이었던 적은 없다.

좋은 콘텐츠는 사회 연결망 속에서 완성된다. 보이지 않으면 쉽게 사그라지고, 알려지지 않으면 소용없는 것이 비즈니스 콘텐츠다. '스몰 브랜드, 빅 스토리Small brand, Big story'를 슬로건 삼아 세상에 알려지지 않았으나 색깔이 분명한 개인과 브랜드를 가시화하는 데 주력했다. 작은 브랜드가 가장 자기다운 공간에서 소비자를 만나는 것은 불과 몇 년 전만 해도 녹록지 않은 일이었다. 공간 활용이 유연하지 못했을 때는 전시 공간 소유주의 간택을 받거나 여러 리스크를 안고 개인 공간을 마련하지 않는 이상 실제 소비자를 대면하기 어려웠다. 현실적인 문제로 소통의 창구를 찾지 못한 실력자들이 수면 위로 올라오는 것은 그 자체로 비즈니스 생태계를 정화한다. 또 팝업을 기점으로 기업의 러브콜이나 협업 제안을 받으며 비즈니스 기회를 가져가는 작은 브랜드들이 생기기도 했다.

렌트를 시작할 무렵, 오프라인 매거진이라는 낯선 정체성에 동조하는 사람은 없었다. 팝업도 생소한 장르여서 좋게 말하면 희소성이 있었다. 사실 3년 차까지도 렌트를 엄연한 사업체로 인정하는 이도 드물었고, 회사 내부에서도 반색하는 직원이 없었으며, 대개 대표의 취미 생활로 여겼다. 미래를 위해 준비한 모든 일이 취미로 받아들여져 서운하고 오기가 생기기도 했다. 그러나 렌트의 정체성과 방향성에 대한 확신에 영향을 끼치지는 않았다.

애매할 때는 꾸준한 실행과 증명이 답이다. 세상에 의미 있는 메시지를 던지고, 프로젝트 렌트라는 낯선 플랫폼의 사용법을 알리기 위해 사심을 담아 만든 '평양 슈퍼마케트', '성수당', '부산커피위크' 등의 자체 기획 프로젝트를 포함해 총 300여 건의 팝업을 진행했다. 여섯 평 남짓에서 시작한 렌트의 전용 공간은 성수동을 넘나들며 확장 가도를 달렸고, 렌트의 뒤를 밟는 후발 업체들이 속속 등장했다. 렌트의 활동이 취미를 넘어 비즈니스로 인정받는 동안, 렌트가 자리를 튼 성수동의 거리는 그 어떤 매거진보다 생동감 넘치는 정보 발신의 메카로 변신했다. 그리고 오프라인 시장은 커뮤니케이션에 중점을 둔 새로운 방향으로 움직이고 있다.

팝업이란 무엇인가

요즘은 너도나도 '팝업'을 한다. 일좀 한다는 개인도, 사업 좀 한다는 기업도 팝업에 주목한다. 왜? 팝업에 소비자가 반응하기 때문이다. 또 비용 대비 효과가 좋아 인게이지먼트 마케팅engagement marketing(고객과 브랜드의 관계성 강화를 위해 매력적인 콘텐츠를 매개로 고객과 유의미한 대화를 시도하는 마케팅 전략)을 극대화하고, 마케팅 관점에서 투자자본수익률ROI을 높이는 오프라인

장르 중에 팝업만 한 것이 없다.

팝업이 성행하면서 한 동네의 생태계가 바뀌기도 했다. 팝업의 성지가 된 성수가 그 주인공이다. 렌트의 문을 열며 성수에 자리 잡을 무렵만 해도, 성수는 '힙hip'보다는 로컬 특유의 '정'이 흐르는 고적한 동네였다. 경공업의 옛 기억을 간직한 채 자의식이 확고한 카페와 작은 브랜드가 삼삼오오 모여 독창적인 분위기를 만들어 가던 성수가 가장 도전적인 오프라인 마케팅이 스트리밍되는 유례없는 동네로 탈바꿈될 거라고 누가 예상했겠는가. 미국 내 아티스트 밀도가 높은 맨해튼처럼, 트렌드의 최전방에 선 비즈니스 플레이어들이 밀집한 지역이 다름 아닌 성수다.

팝업스토어는 단기간 운영되는 임시 매장을 뜻한다. 웹 페이지에 불쑥(pop) 튀어나오는(up) 팝업 창처럼, 오프라인에서 비정기적으로 단기에 이루어지는 일련의 이벤트를 '팝업'이라 부른다. 팝업의 문자적 의미는 가볍다. 단어 자체에 본질적 의미가 내재된 것이 아니라, 현상을 나타내는 지시적, 형태적 명사에 가깝다. 사실 오프라인 공간으로서의 팝업은 그 시작부터 가벼웠다. 공사를 시작한 상설 매장을 대체해 고객을 만나기 위해 임시로 만든 매장이 팝업의 시작이었다.

사전적 의미에 기초해 '단기'와 '오프라인'에 초점을 맞춰 팝업을 정의하면, 어지간한 단발성 행사는 모조리 팝업이란 이름으로 묶인다. '사장님이 미쳤어요'로 통칭되는 깔세, 공짜를 미끼로 사람들을 후킹하는 판촉, 컨벤션 센터에서 진행되는 전통적 프로모션이나 페어, 포럼, 파티도 단기라는 시간성과 임시 매장이라는 물성에 초점을 맞춘다면 팝업에 귀속된다. 그런데 성격이 다른 이 모든 이벤트를 같은 단어로 일괄해도 될까? 팝업이 성행하기 이전에도 이미 존재했던 오프라인 이벤트들을 같은 팝업이라 말할 수 있을까?

외연이 방대한 단어는 지칭하는 바가 흐릿해 의밋값이 낮다. 예를 들어, 팝업의 주 수요층으로 알려진 MZ 세대가 그러하다. 이 단어는 1980년대 초반부터 2000년대 초반 사이에 태어난 세대를 통합하느라 지시체의 특징을 살리지 못하고, 단어의 뜻 안에서 대상 간의 충돌을 일으킨다(10대를 막 벗어난 스무 살과 40대가 같은 세대성을 가질 수 있을까?). 뭐든 언어의 표면적 의미에 머무르면 납득할 수 없는 부분이 생긴다. 더욱이 전문 용어에는 각 분야의 첨예한 내러티브로 만들어진 독자적인 기호성이 있다. 브랜드 커뮤니케이션의 문맥을 떠나 팝업을 문자 그대로 이해하면, 팝업의 본래 가치가 은폐된다.

팝업이라는 용어는 세 가지 차원에서 범용적으로 사용되고 있다. 첫째는 물성적 차원으로, 단기 운영되는 오프라인 매장 전반이다. 둘째는 기능적 차원으로, 판매와 영업에 초점을 둔 판촉의 영역이다. 마지막은 렌트가 추구하는 본질적 차원으로, 소비자와 브랜드의 극적인 만남과 상호 존중형 관계 설정에 방점을 둔 브랜드 커뮤니케이션의 영역이다. 세 차원은 성격이 너무 달라 각각 고유의 용어로 설명되어야 하지만, 용어 사용의 문제는 내가 해결할 수 있는 문제가 아니다.

팝업의 가치를 가르는 것은 목적성이다. 주최의 목적에 따라 팝업은 전혀 다른 내용적 가치를 갖지만, 성격이 다른 팝업 간에도 하나의 공통점이 있다. 바로 소비자를 '직접' 만나는 장소라는 것이다. 그것이 단순 세일즈를 위한 행사든, 기능에 중심을 둔 페어든, 통합 마케팅 커뮤니케이션Integrated Marketing Communication, IMC 관련 행사든 B2B가 아니라, B2C 혹은 D2CDirect to Consumer로 전환된 모든 비즈니스 환경에서 팝업이 출현할 수 있다.

프로젝트 렌트는 팝업의 본질적 차원만을 추구한다. 팝업은 전통적인 영업의 연장선에 있지 않다. 현재 팝업이 성행하는 핵심에 커뮤니케이션이 있고, 렌트에서 진행한 팝업은 소비자와 브랜드의 깊이 있는 관계, 의미 있는 인식의 변화를 구축하는 데 목적이 있었다. 공간을 찾은 소비자가 브랜드가 전하는 이야기에 귀 기울이게 하고, 브랜드의 새로운 모습에 눈뜨게 하며, 상호 소통이라는 화학적 과정을 통해 소비자에게 브랜드의 내일을 기대하게 하는 것이 브랜드 커뮤니케이션형 팝업의 힘이다.

이런 관점에서 판촉이나 공짜 나눔은 팝업의 대척점에 있다. 제품의 기능적 가치를 중요시했던 시대에는 판촉이 의미 있었지만, 그런 시대는 끝났다. 판촉은 소비자와 브랜드의 관계성을 강화하지 않는다. 오히려 브랜드의 위상을 떨어트리고, 체리피커cherry picker

를 양산하며, 소비 경험을 통해 진화하는 소비자의 존엄을 훼손한다. 이 글을 읽는 독자가 판촉용 팝업에 참고하려 이 책을 골랐다면, 혹은 오프라인의 새로운 가치가 브랜드 커뮤니케이션에 있다는 주장에 동의하지 않는다면 이쯤에서 책장을 덮는 것이 어떨까.

사람들이 찾아오는
가치 있는 공간의 조건

팝업은 설계자의 지향에 따라 고유한 가치와 정의를 갖는다. 팝업을 하기로 결심했고, 애써 만든 팝업을 망치고 싶지 않다면 다음 질문에 답해야 한다. 렌트에 팝업을 의뢰하는 클라이언트에게 반드시 묻는 말이기도 하다.

"왜 팝업을 하려고 하세요? 어떤 목적 때문인가요? 사람들에게 어떤 이야기를 전하고 싶으신가요?"

이 질문에 답하는 사람은 의외로 적다. 팝업에 대한 이해도가 낮은 탓도 있겠지만, 소비자에게 어떤 모습으로 다가가야 할지, 어떤 이야기를 전달해야 할지 모르는 탓이 더 큰 것 같다. 좋은 질문이 좋은 답을 만들 듯이, 원하는 것이 분명하고 구체적이어야 좋은 결과를 기대할 수 있다. 목적성에 따라 팝업의 콘셉트는 다르게 쓰이고, 그에 따라 얻을 수 있는 이익이 다르다. 브랜드 포지션에 따라 목적 달성 전략은 다르게 설계되어야 한다. 업계 1등과 5등의 전략이 같을 수는 없다.

전략적으로 공간을 기획해도 소비자 반응이 올지 말지 모르는데, 의욕과 욕심이 과해 예정된 실패의 길로 들어서는 클라이언트를 종종 본다. 무엇 때문에 팝업을 하려는지 설명하지 못하는 클라이언트도 부지기수다. 확실한 목적성 없이 잘된 팝업을 이제까지 본 적이 없다.

유의미한 지식이 맥락 속에서 완성되듯, 소비자가 느끼는 가치는 목적과 방향이 분명한 콘텍스트 안에서 생성된다. 콘텍스트를 떠나 외따로 떨어진 섬처럼 존재하는 고결한 가치는 허구다. 한 잔의 물이 있다. 그 물에 가격을 매긴다면, 한여름의 사막에서 마시는 물 한 잔과 대도시의 사무실에서 마시는 물 한 잔의 가격이 같을 수 있을까? 전혀 다른 콘텍스트에 있는 물의 가치가 동일할까?

비즈니스 현장에서 '가치'는 그 자체로 옳음이나 지향의 무게가 없는 중립적 단어다. 산업화 시대에는 공급이 수요를 따라가지 못해 판매자가 우위에 있었고, 자본 권력의 논리가 가치를 만들었다. 이제는 물건이 없어서 못 사는 것이 아니라 사야 할 이유가 없어 사지 않는다. 자유시장경제와 발전주의의 맹위 덕분에 과열된 풍요가 찾아온 지 오래다.

소비 권력이 이권을 잡은 시대에는 소비자에게 존중받는 것들이 가치 있다. 공급자가 옳다고 상정하는 원칙이나 보여 주기식 야

망에 함몰되면 소비자가 보이지 않는다. 팝업을 통해 소비자와 의미 있는 관계를 맺고 싶다면, 목적한 바를 단순한 메시지로 정리하고 일관된 방향성으로 정중하게 제안하며 소비자에게 놀라움과 감동을 주어야 한다. 인식은 놀라움을 통해 바뀌고, 마음은 감동해야 움직이기 때문이다.

브랜드가 공간을 통해 전달하고자 하는 핵심 메시지와 일관된 방향성은 각고의 노력 끝에 만들어진다. 인간은 더하는 것보다 덜어 내는 데서 고통을 느낀다. 문제 정의는 문제 해결에 선행하고, 군더더기를 덜어 내는 것이 문제 정의의 시작이다. 잃는 것이 두려워 아득바득 채워 넣으면 목적성 없는 정체불명의 공간이 만들어진다. 흡사 소비자를 컨베이어 벨트 위에 올려 두고, 여러 이벤트를 차례로 겪게 하는 경험에 소비자가 진심으로 반응할 리 없다. 소비자에게 가치 있는 공간은 단일한 목적성에 따라 전략적이고 일관성 있게 설계되어야 한다.

짜장면 맛집이나 짬뽕 맛집은 있어도 짬짜면 맛집은 없다. 뾰족한 펜촉은 독자의 마음을 관통하지만, 뭉툭한 펜촉은 독자의 마음에서 미끄러진다. 소비자 중심의 가치가 무엇인지 반복적으로 물으며, 목적성을 예리하게 정돈하는 것은 시그니처 메뉴에 집중하고, 펜촉의 날을 세우는 지난한 과정과 같다. 일의 결과를 만드는 과정은 대개 지루하고 고생스럽다. 그 과정 없이 소비자와 의미 있는 관계를 맺으려는 것은 과욕이다.

성수동 팝업 시장의 선도자로 기여한 부분이 있다 보니 팝업 전문가로 소문이 났다. 아직 갈 길이 멀고, 그렇게 불리는 게 맞나 싶지만 어쨌든 프런티어의 역할은 해야 할 것 같다. 팝업이 단시간에 유행하면서 필드에서 만나 보지 못한 엉뚱한 전문가들이 우후죽순 등장하고, 과도한 대중화로 팝업의 채널 가치가 빠르게 소진되고 있는 만큼 한 번쯤 팝업의 정체를 정돈해야 할 필요성을 느끼기도 했다.

치열하게 고민하며 쉼 없이 실행했던 지난 6년여의 경험을 이 책에 담았다. 기업의 일원으로 제 몫을 해내며 시스템의 한계를 넘어 독자적인 일의 영역을 만들기 위해 분투하다, 조직에서 벗어나 자기만의 그라운드를 만들어 나가는 중인 '일하는 사람'의 마음도 덧붙였다. 경험과 마음을 나누는 데서 관계는 시작된다.

브랜드 커뮤니케이션이 작동하는 공간의 조건을 열 개의 장으로 정리했다. 지금 이 시대에 유의미한 팝업의 조건을 담은 열 개의 장이라 바꿔 말해도 무방하다. 소위 말하는 '뇌피셜'로 쓴 글이 아니다. 2018년부터 수백 건의 팝업을 진행하며 고객 경험을 측정해 데이터를 만들었고, 방문자 리뷰도 거의 빠짐없이 그러모았다. 숫자는 거짓말을 하지 않지만 맥락을 보여 주지 않는다. 데이터는 오차는 있지만 맥락을 보여 준다(단 유의미한 가설 설정이 선행되어야 한다). 실제 방문자의 진심 어린 피드백은 그 어떤 데이터보다 엄밀한 커뮤니케이션 소스다.

"데이터가 없다면, 역학자는 링 위에 올라갈 수 없다. 그러나 역학자가 적절한 데이터를 가지고 있다면 싸움이 진행되는 링 위에서 큰 힘을 발휘할 수 있다." 사회역학자 김승섭 교수는 말했다. 브랜드 커뮤니케이션은 소비자와 브랜드의 역학 관계에서 작동하고 완성된다. 나는 소비자가 원하는 공간과 서비스의 접점을 데이터를 해석하며 발견한다. 이 발견을 근거로 소비자와 커뮤니케이션할 유의미한 지대를 찾을 수 있었다. 그 지대에서 새로운 콘텐츠를 빠르게 실험하고 소비자의 반응을 체크하며 공간을 구성했다. 이런 측면에서 이 책은 커뮤니케이션 역학의 실증적 기록물이 아닐까 한다.

이 기록물의 관점은 공급자와 사용자 모두를 아우른다. 나는 브랜드 커뮤니케이션 공간을 만드는 프로바이더이자, 누구보다 공간을 즐겨 찾고 적극적으로 향유하는 유저다. 공급자와 소비자를 양극단에 두지 않고, 상호 작용하는 투 트랙에 위치시키며 균형 잡힌 관점을 유지하는 게 쉽지 않았지만, 따지고 보면 격변 속 출렁이는 비즈니스 생태계에서 몸과 마음의 긴장을 놓지 않고 중심을 잡는 사업가의 일상적 관점이라 낯설지 않았다.

우리는 정답 없는 시대를 산다. 시장은 실시간으로 바뀌고 빠르게 진화하고 있으며, 그에 따라 시장 역학의 관계와 의미는 재정의되고 있다. 맞고 틀림을 고민하기보다 전체를 조망하고 서로에게 의미 있는 가능성과 답안을 만드는 것이 더 중요한 지금이다. 이 책이 오프라인이나 브랜드 커뮤니케이션의 유일한 정답은 아닐 것이다. 다만 오프라인 시장에 적극적 변화가 일어나기 전부터 새로운 가치를 갖게 될 오프라인의 가능성을 믿고, 그 가능성을 현실로 증명해 나가며, 시장의 변화를 목격해 온 사람의 경험담인 만큼 적어도 현시점에서 모두가 함께 고민해 볼 가치 있는 답안이라 확신한다.

팝업 성장판이 된 시대의
특이점

폭발적인 파급력을 지닌 자연 현상은 대개 우연이 아니다. 예컨대 화산 폭발은 암석이 녹아 액체화된 마그마가 내부 압력을 견디지 못하고 판의 경계에서 솟구쳐 나온 인과적 활동이다. 맥락 없이 일어난 현상이 아니라, 우리 눈에 보이지 않는 지표면 아래에서 착실히 준비된 지각 활동이 빚어낸 결과라는 것이다. 나는 팝업을 우연적이거나 일시적인 유행으로 이해하지 않는다. 충분히 예열된 사회 경제 조건이 배태한 시대적 필연에 가까운 비즈니스 모델이라고 본다.

우리는 디지털과 아날로그가 유기적으로 엮인 세상에 있다. 온라인과 오프라인이 공존하는 시장이 없었다면 팝업이 이렇게 주목받았을까? 팬데믹이 불붙인 비대면 서비스의 생활화와 온라인을 생활 터전으로 받아들인 대중의 인식 변화가 없었다면, 사회적 거리두기가 유발한 촉각적이고 직접적인 경험에 대한 대중의 허기가 없었다면, 오프라인의 침체로 상업 건물에 공실이 넘쳐 부동산이 예전과 다른 방식으로 소비되지 않았다면, 팝업은 엄연한 마케팅 커뮤니케이션 장르로 자리매김하지 못했을지도 모른다.

여기에 온라인의 성장과 더불어 달라진 마케팅 환경 역시 팝업을 촉발하는 데 일조했다. 그중 눈에 띄는 네 가지 현상이 있다.

독점적 광고 매체의 효율 저하

TV 광고는 효과가 보장된 전통적인 마케팅 채널이었지만, 그 채널의 가치가 빠르게 효력을 잃어 가고 있다. 이유는 단순하다. 사람들이 TV를 잘 안 보기 때문이다. 다수의 현대인이 워낙 바쁘게 살아 여유 시간이 없는 탓도 크지만 온라인 콘텐츠, SNS, OTT가 활성화된 것이 가장 큰 원인인 듯하다.

현대인이 하루 평균 SNS 콘텐츠를 스크롤하는 양이 약 90미터에 이른다고 한다. SNS와 OTT는 콘텐츠의 다양성, 오락성, 정보성 등에서 우위를 점하며 TV를 대체하고 있다. 요즘은 자기만의 디바이스로 누구 눈치 볼 거 없이 보고 싶은 프로그램을 원하는 시간에 혼자 본다. 스마트폰을 신체 일부처럼 사용하는 10, 20대는 TV의 존재감이나 필요를 거의 느끼지 않는다. 30, 40대는 일과 생활에 바빠 TV 볼 시간이 없다. 공중파에서 송출하는 프로그램을 본방 사수하는 풍조는 일부 시니어들에게 남아 있을 뿐이다. TV 광고의 매체 점유율은 내림세를 벗어나지 못하고 있지만, 그렇다고 관성에 익숙한 일반 기업이 TV 광고를 하지 않을 수도 없는 상황이다.

TV 광고는 비싸다. 확실한 효과가 있다면 비용은 문제가 아니다. TV 의존도가 높던 시절에는 광고 효과가 확실해 예산이 막대해도 이해타산이 맞았다. 대중이 특정 광고를 본 적 있다고 희미하게나마 기억하려면 최소 10억이, 자주 봐서 선명하게 기억할 정도면 약 30억이 소요된다고 한다. 이게 10년 전 기준 비용이고 지금은 집행 단위가 달라졌을지 모르겠다. 공교롭게도 TV 광고의 매체 점유율은 10년 전에 비해 60퍼센트 줄어들었고, 광고를 매개로 한 소비자와의 커뮤니케이션 효과는 곤두박질치고 있다.

온라인도 사정은 다르지 않다. 어지간한 정보성 메일은 스팸 처리되고, 포털의 배너와 팝업 광고는 사람들에게 외면받거나 짜증을 불러일으킨다. 국민 앱이라 불리던 카카오톡을 제치고 한국인이 가장 많이 사용하는 애플리케이션이 된 유튜브의 유료 서비스 사용자도 50퍼센트에 이른다. 구매력이 있는 사람들은 광고를 보지 않는다는 말이다. 검색창을 비롯해 온라인 광고 비용이 2000년대 초반 대비 압도적으로 상승했으나 소비자 트래픽은 갈수록 내림세다. 소비자와 브랜드가 능동적인 관계를 구축하는 데 TV와 온라인 광고 모두 한계가 명확해지고 있다.

차별화된 질적 경험의 추구

사회, 경제, 문화 환경에 따라 인간의 경험치는 달라진다. 인류 문명사에서 생존이 중요한 시기에는 물리적, 양적 성장이 절실했다. 반면 생존이 보장된 시기에는 문화가 꽃피었고, 여유와 여가를 얻은 사람들은 '양보다 질'을 추구했다. 미국의 심리학자 에이브러햄 매슬로는 인간의 욕구를 다섯 단계로 구분 짓고, 전형적인 피라미드 구조로 욕구를 위계화한다. 이 구조에서 생존형 욕구는 낮은 단계에, 사회적 욕구는 높은 단계에 있다. 생존을 염려할 때는 기능적이고 물리적인 가치가 우위에 있지만, 생존의 위협에서 해방되고 생활 인프라가 확충되면 인간은 그 이상의 것을 원한다. 길거리에서 산 가방 열 개보다 명품 가방 하나가 더 가치 있는 상황에 이르는 것이다.

공급 부족의 시대를 산 시니어 세대는 생존형 소비에 능숙하다. 반면 공급 과잉의 시대를 살고 있는 주니어 세대는 라이프스타일이 투영된 가치 소비에 익숙하다. MZ 세대는 물질의 부족함을 모른다. 배고픔 자체보다 배고픔을 무엇으로 채울지를 고민하는 MZ는 라이프스타일 소비에 익숙하다. 친환경, 욜로, 사치성 소비lifestyle creep 등은 모두 라이프스타일 관점의 소비 트렌드다. 캔커피든 믹스커피든 아메리카노든 그저 커피면 충분한 세대와 커피에 자아를 투사하는 세대를 구분 짓는 것은 소비 패턴이다. 시니어 세대에게 가치 소비는 대개 과소비로 여겨진다.

상이한 소비문화를 가진 그들에게 '커피'는 동일한 커피가 아니다. 인식의 차이가 커피의 본질을 재정의하고, 가치를 만든다. 고양된 가치가 시장의 볼륨을 키운다. 수년 전부터 커피 산업은 레드오션이라는 평가가 있었으나 여전히 성장세다. 일상에서 차지하는 커피의 비중이 갈수록 커지고 있기 때문이다.

시니어 세대는 테크와 온라인, 즉 가상 현실의 경험에 취약하다. 반면 주니어 세대는 생경험이 빈곤하다. 온라인에서 일상의 모든 필요를 해결하는 젊은 세대는 직접성을 체감할 기회가 드물다. 사람을 만나 관계 맺고, 부대끼고, 어울리며 시간을 쌓는 경험이 극도로 적다. 가상 현실이 아닌 실제 세계에서 사람과 관계 맺는 데 어려움이 큰 것도 사실이고, 면 대 면 의사소통face-to-face communication에서 완성되는 인간적 경험이 부재한 탓에 '경험' 자체에 대한 결핍을 느끼기도 한다. 그래서 오프라인에서만 발견할 수 있는 오감 충족형 경험이 신선하다. 잘파Zalpha 세대(1990년대 중반에서 2000년대 후반 사이에 태어난 Z 세대와 2010년 이후에 태어난 알파 세대의 합성어)가 오프라인에 더 강하게 반응하는 것은 경험의 결핍에 기인한다고 본다.

젊은 소비자의 저력은 무엇일까. 즐거움을 주는 트렌드에 동조하고, 트렌드를 경험하는 데 가용 자본을 아낌없이 투자하며, 유행을 선도하고 만들어 나가는 데 있지 않을까. 그들은 문화 흡수력이 빠르고 정보를 퍼트리는 재능이 있다. 20대가 유행을 만들면 30, 40대가 그 유행에 반응하는데, 대세에 동조하고 싶은 기성세대들이 트렌드를 완성하는 식이다. 얼마 전 유행한 오마카세 열풍의 주역도 20, 30대였다. 그들이 실질 구매력이 높거나 경제력을 갖춘 연령층은 아니다. 사회 경험이 많지 않은 세대는 경제적 안정을 갖기 어렵고, 앞 세대에 비교해 그다음 세대가 상대적으로 가난한 건 자연스러운 일이다. 주식, 코인, 부동산 투자로 소위 대박을 낸 영 앤드 리치가 등장해 우량 소비자로 등극하기도 했지만, 그들은 세대를 대표할 수 없는 일부 행운아들일 뿐이다.

20대가 파인 다이닝을 상징하는 오마카세에 열광하는 이유는 무엇일까. 학력이 높을수록 문화 소비의 수준은 상향화되는 경향이 있다. 단군 이래 가장 똑똑한 세대라 평가받는 현재 20, 30대 청년층은 고학력이 평준화되어 있고, 유학 경험도 보편적이어서 선진 문화에 대한 이해가 높다. 또한 양적 경험보다는 질적 경험을 우선하는 풍조가 한국 사회에 안착하며, 소비문화가 바뀐 것도 영향이 있는 듯하다. 부족한 것이 없고 모든 수요가 충족된 시대에는 경험의 밀도와 특별함이 소비 가치를 만든다. 평소에는 편의점에서 열 끼를 때워도 특별한 한 끼를 제대로 먹자는 것이 요즘 청년

층의 가치 있는 소비관이다. 고급화된 문화에 대한 확신과 동경이 상식처럼 자리 잡은 세대는 소비 스케일과 지향이 다르다. '자본의 맛'은 그 맛을 보기 전으로는 돌아갈 수 없을 만큼의 중독성이 있어, 한번 맛을 본 사람은 횟수를 줄일지언정 취향의 영역을 바꾸지 않는다.

작지만 강력한 마이크로 인플루언서

이제 정보도 과잉이다. 넓고 얕은 피상적인 정보보다 좁고 깊어 믿을 만한 정보에 사람들이 귀를 연다. 누구나 흔하게 알고 있는 메가 인플루언서mega influencer보다 적게 알려져서 귀한 마이크로 인플루언서micro influencer의 사회적 가치가 커졌다. 유명하다는 것은 아는 사람이 많다는 것이다. 달리 말하면 유명한 것은 정보의 희소성과 거리가 멀다.

메이저 언론이 막강한 권력을 가진 시절이 있었다. 주요 언론사들에 노출되지 않고는 주류에 올라설 수 없었다. SNS 등장 전의 일이다. 페이스북, 트위터, 인스타그램 등의 성장으로 영향력 있는 개인 채널이 정보 발신의 허브로 부상했다. 인플루언서가 발신하는 정보는 소비자의 구매 결정에 깊게 관여한다. 그들이 소비자의 실제 삶에 개입되어 있기 때문이다. 팔로워가 닮고 싶어 하고, 취향을 동경하며, 좋아하고, 신뢰하는 인플루언서는 그 자체가 인격화된 브랜드다. 브랜드 인게이지먼트와 밀도 있는 커뮤니케이션의 제반 조건을 갖춘 셈이다.

기업과 소비자 간의 심리적 거리는 멀다. 인플루언서와 팔로워 간의 긴밀한 거리와 비교할 수 없다. 육신화된 브랜드의 친근감은 자본주의의 상투적인 부정성을 가뿐히 넘어선다(팬심은 오히려 '돈쭐'을 부추긴다). 인플루언서가 중심이 된 공동 구매 시장의 규모는 상상을 초월한다. 일반적인 유통 구조에서 연내 도달할 수 있는 매출 목표를 단 며칠 만에 달성하는데, 건강 기능식이나 뷰티 산업이 대표적인 인플루언서 시장이다. 인플루언서의 영향력은 대기업의 아성에 주눅 들지 않는다. 대기업이 세뇌하듯 밀어 넣는 TV 광고보다, 소비자가 신뢰하고 정보를 기꺼이 수용하는 인플루언서의 광고가 실구매에 더 큰 영향을 미친다.

신뢰감을 주는 사람의 말은 힘이 세다. 그들의 말은 쉽게 휘발되지 않고 권력을 갖는다. 네트워크 마케팅이 여러 잡음에도 불구하고 건재한 이유가 바로 이 때문이다. 무수한 선택지 앞에서 고민할 때 믿을 만한 사람의 조언은 의사결정에 지대한 영향을 끼친다. 얼굴과 이름이 알려진 사람은 변화를 추동하는 힘이 있어 정치, 사회, 경제, 문화 영역에서 대중에게 영향력을 행사하며 새로운 물결을 만들곤 한다. 수백 수천만 구독자를 가진 인플루언서도 비슷한 역할을 한다. 트렌드 분석가이자 소셜미디어 기반 전략가로 활동했던 올리비아 얄롭은 《인플루언서 탐구》에서 말했다. "인플루언서들은 고용에서 긱 노동으로, 오프라인에서 온라인으로 향하는 거시적 이동을 나타내는 한 예시이자, 더 폭넓은 문화 속에서 일어나는 일들을 효과적으로 보여 주는 소우주다. 심미적 외관과 수명이 짧은 콘텐츠 아래서 인플루언서의 성장은 플랫폼, 권력, 알고리즘, 원자화, 관심, 탈집중화, 그리고 네트워크의 서사다. 그것은 제도보다 개인을, 그리고 무엇보다도 시장을 수호한다."

독점적 미디어와 유사한 효과를 내는 메가 인플루언서와 유명 연예인의 명과 암은 선명하다. 그들은 진정성의 측면에서 요즘 소비자들에게 미치는 영향력이 미미하다. 그들이 발신하는 정보는 소비 경험이 풍부하다 못해 넘치는 요즘 소비자에게 와 닿지 않는다. 이미지로 소비되는 주류 매체 광고는 구체적인 내용이 없고, 메가 인플루언서의 정보는 기업의 이익을 위해 만들어진 가짜 정보일 때가 빈번해 신뢰하기 어렵다.

소비자가 진화함에 따라 마이크로 인플루언서의 입지가 커졌다. 좋은 취향을 가진 사람의 정보 발신력이 TV 채널만큼이나 강력해진 것이다. 인스타그램이 활성화되며 바이럴의 속도가 비약적으로 빨라졌고, 눈과 손가락만 움직이면 정보에서 소외되지 않는 세상이 도래했다. 서울 내 맛집은 일주일이면 전국에 소문이 나고, 호기심 넘치는 사람들이 가게로 찾아가 알아서 줄을 선다. 찾아가기 불편한 위치나 입지는 문제가 아니다.

마이크로 인플루언서는 SNS 플랫폼에서 평균치를 상회하는 팔로워를 둔 사람으로, 약 1,000명에서 1만 명의 팔로워를 보유한다. 그들은 취향과 라이프스타일이 확고해 트렌드를 양산하는 구심점 역할을 하며 대개 가벼운 팬덤을 형성하는데, 팔로워들과 직접 소통하며 팔로워의 일상에 실질적인 영향력을 행사한다. 일반적으로 취향 기반의 트렌드는 기민한 감성과 희소한 정보를 가진 소수에게서 확산한다. 문화 자본을 가진 소수의 SNS가 정보 발신의 허브가 되는 것이다.

소비를 강요하지 않는 풀 마케팅

풍요는 내면의 욕구를 개발하게 한다. 물자가 부족해 수요가 공급을 압도할 때는 가시화되지 않은 욕구보다 당장 눈에 보이는 물성이 가치를 가졌다. 이때는 표준화에 근거해 대량 생산된 상품을 소비자에게 강제 판매하는 푸시 마케팅push marketing이 유용했다. 푸시 마케팅 시대에는 상품을 세상에 알리는 만큼 팔렸다. 그래서 소비자에게 정보를 입력하는 것이 가장 중요했다. 상품을 알리기만 해도 판매가 이루어지니, 경쟁사보다 앞서려면 소비자의 인식을 최대한 점유해야 했다. 광고 마케팅 시대의 총아인 말보로 담배나 코카콜라 광고가 그랬다. 상품을 자주 노출해 사람들의 인식 속에서 조건반사처럼 코카콜라를 떠올리는 상황을 강압하듯 만들었다. 상품의 뛰어난 기능을 과시하는 일방통행식 광고가 먹히는 시절이었다.

오늘날의 소비자는 원하지 않는 정보를 받아들이지 않는다. 판촉형 정보가 범람하며 전통적 미디어에서 반복되는 광고 대부분을 스팸 메시지로 받아들이고, 앞자리가 070으로 시작하는 번호는 즉각 차단한다. 원치 않거나 관심 없는 기업의 메시지는 쓰레기 정보로 소각된다. 반대로 소비자가 원하고 관심 있는 정보는 바이럴 콘텐츠로 퍼져나간다. LG 노트북이 그 흥미로운 사례다. 보통 '초경량'을 자랑하는 상품은 광고로 알려진 무게보다 무겁다. LG 그램은 초경량 노트북으로 주목받았는데, 기이하게도 광고로 알려진 무게보다 실제 제품의 무게가 가벼워 복장 터진 사용자들이 자발적 홍보 대사를 자처해 'LG 구하기'에 나서기도 했다. 제품의 장점을 부각하는 글이 SNS에 퍼져나가자, 일부 커뮤니티에서 LG의 노련한 마케팅 아니냐는 합리적 의혹을 제기하기도 했다.

물자가 수요를 압도하고, 소비자와의 소통이 D2C로 전환된 현시점에서 푸시 마케팅은 더 이상 무의미하다. 풀 마케팅pull marketing은 푸시 마케팅의 길항 개념으로, 기업이 아닌 소비자의 적극적 참여와 관심을 바탕으로 한다. 풀 마케팅에서는 소비자가 브랜드 메시지에 관심을 갖고 참여하는 과정이 중요하다. 브랜드와 만족할 만한 관계를 맺은 소비자가 자발적인 바이럴의 주체가 되기 때문이다.

물질 과잉 시대의 유효한 마케팅은 소비자의 인식을 점유하는 데 있다. 성공적인 브랜딩은 소비자의 마음에 이미지를 남기는 것이다. 브랜드가 소비자 일상에 브랜드가 얼마나 가까이 있는지, 평범한 하루의 완전한 신scene을 완성하는 필수 장치로 자리매김하는지가 관건이다(히치콕의 맥거핀이 아니라 체호프의 총으로 소비자 일상에 녹아내려야 한다).

과열된 시장에 기업의 말들이 넘친다. 넘쳐흘러 묵직한 구심점이 없는 말은 그냥 소음이다. 무수한 제품과 브랜드가 난립하는 현대판 춘추 전국 시대의 소비자는 기업이 떠드는 말에 조금도 관심이 없고, 강요하듯 쏟아 내는 말에는 더더욱 귀를 열지 않는다. 잘난 척하려 해도 들어주는 사람이 없으면 혼잣말하는 광인이 된다. 차라리 침묵이 서로를 연결하는 데 효과적일 때가 있다. 사회적 혼잡도가 낮은 리테일에 요즘 사람들이 관심을 갖는 것도 같은 이치다.

소비자가 궁금증을 가지고 기업의 행보에 자연스럽게 다가갈 수 있도록 우아하고 정중하게 소비자의 참여를 제안하는 태도의 전환이 필요하다. 소비자의 적극적 참여는 온라인에서는 한계가 분명하다. 소비자가 체감할 수 있는 브랜드 경험이 한정적이어서 기존의 생각을 바꿀 만큼 인상적인 메시지를 받기 어렵기 때문이다.

그런 의미에서 팝업은 풀 마케팅을 구현하는 데 최적화되어 있다. 소비자가 아름답고 로맨틱하게 브랜드를 인지하며 인게이지먼트를 강화하는 쇼핑 경험도 효과적인 풀 마케팅의 구현 방식 중 하나다. 안타까운 점은 마케팅이 아닌 '영업' 중심의 뼈대가 확고한 대부분의 한국 기업에서 풀 마케팅을 실현하기 어렵다는 것이다.

CHAPTER

1

콘텐츠

하드웨어보다 소프트웨어가 중요한 이유

CONTENTS

인간의 마음을
움직이는 동력

두 사람이 있다. 한 명은 수려한 외모로 한눈에 시선을 잡아끌지만, 누구와도 대화할 의지나 의욕이 없는 나르시시스트다. 다른 한 명은 정중하고 예의 바르며, 모험과 탐구심을 기반으로 축적한 이야기가 넘치고, 누구도 대체할 수 없는 자기만의 얼굴과 온화한 목소리를 가지고 있다. 당신은 누구에게 호감을 느끼는가? 둘 중 누구를 신뢰하고 지속적인 관계를 구축하겠는가?

소비자가 감동하는 공간의 핵심은 화려하고 장중한 외관에 있는 것이 아니다. 인류 역사상 그 어느 때보다 풍요로운 시대, 즉 공급 과잉 시대의 소비자는 특히 그러하다. 그럼에도 불구하고 아직도 상업 공간을 만들 때, 예산의 90퍼센트 이상을 공간의 하드웨어를 만드는 데 소비한다. 땅을 사고, 건축가를 만나 건물을 짓고, 휘황찬란하게 인테리어하고, 값비싼 집기를 채우며 공간을 잘 만들었다고 생각한다. 그런데 공간을 만드는 과정에서 이런 질문을 하는 건축주는 드물다.

• 이 공간은 누구를 위한 것인가?

- 누구와 관계 맺기 위한 공간인가?
- 어떤 사람들이 들러 시간을 보낼 공간인가?
- 이 공간이 50년간 지속될 수 있는가?

전형적인 공급자 중심의 세계관에는 공간의 지속가능성과 생존에 대한 고민이 들어설 자리가 없다. 자본주의의 발전에 따라 경제의 중심축은 변화한다. 산업화 시대에는 공급자가 주인공이었지만, 탈산업화를 한참 지난 지금은 소비자가 주인공이다. 그런데도 공간의 설계자들은 소비자가 원하는 것이 무엇인지 진지하게 고민하지 않는 것 같다. 시대착오적인 마인드에서 공간의 생명력은 소멸한다.

공급자 중심의 세계관으로는 소비자의 마음을 움직일 수도, 어떤 감흥을 일으킬 수도 없다. 브랜드와 소비자가 어떤 관계를 맺을 수 없다는 말이다. 허우대만 멀쩡하고 속이 빈 사람과 한 번은 만나도 두 번은 만나기 어렵다.

사람이 아니라 '어떤' 사람인지가 중요한 까닭이다. 근원적 감동은 외면이 아닌 내면에서 오듯, 마음을 움직이는 공간의 힘은 소비자와 호흡하며 살아 숨 쉬는 콘텐츠에 있다. 그렇다면 콘텐츠를 세팅하는 것보다 중요한 것은 콘텐츠를 운영하는 능력에 있을 것이다.

자동차의 존재 이유는 거리를 달리는 데 있다. 아무리 좋은 차도 운전하는 사람이 없으면 값비싼 고철덩이일 뿐이다. 시간이 지날수록 가치가 커지는 차는 운전자의 역량에 달려 있다. 기름을 넣고, 타이어를 교체하고, 상태를 체크하며 필요시 적절하게 튜닝해야 차의 성능이 좋아진다. 공간도 다르지 않다. 공간 자체가 중요한 게 아니라 그 공간을 가치 있게 채우고 운영해 나가는 콘텐츠 드라이브_{contents drive} 역량이 더 중요하다.

전체는 부분의 합
그 이상이다

스마트폰의 영향력에서 자유로운 현대인이 있을까. 스마트폰을 몸의 일부로 받아들이는 포노사피엔스의 속성은 MZ나 잘파 세대로 불리는 젊은 세대만의 특징이 아니라, 전 세대가 공유하는 속성이다. 이 현상을 바꿔 말하면, 애플의 영향력에서 자유로운 현대인이 별로 없다는 뜻이다. 애플의 저력은 인간에 대한 존재론적, 윤리적 고민에 기초한다. 애플은 지갑을 가진 소비자를 고민하지 않는다. 단지 사람을 고민한다.

우리는 희소한 것에 매력을 느낀다. 예쁜 공간은 흔하지만, 매력적인 공간은 흔하지 않다. 단언컨대 매력적인 공간은 돈을 쏟아붓는다고 만들어지지 않는다. 인간을 향한 애정 어린 고민이 매력적인 공간의 시작점이다. 이런 공간은 오히려 자본에서 자유로운 측면이 있다. 방문자들은 공간이 얼마나 비싼 값으로 만들어졌는지 잘 모를뿐더러 관심도 없다. 온라인이 아닌 오프라인 공간이 전달하고자 하는 핵심 메시지, 공간 전반의 톤 앤드 매너tone and manner, 오직 그곳에서 느끼고 발견하고 정동affect할 수 있는 경험이 중요할 뿐이다.

렌트의 첫 팝업은 가로수길에서 진행한 '22 DAYS'였다. 일상에 만족하며 사는 사람보다 결핍을 느끼는 사람이 일다운 일을 만들 듯이, 최초의 팝업은 개인적인 필요에서 비롯되었다. 커피 없이 하루를 상쾌하게 시작하기 어려운 평범한 직장인처럼 나 역시 아침이면 커피가 필요했다. 그런데, 당시 사무실이 있던 강남에는 커피 맛집이 전무했다. 카페인이 아니라 커피다운 커피를 마시려면 번거롭게 다른 동네에 들러 사 오는 것 말고는 방법이 없었다.

브랜드 컨설팅을 하며 작은 브랜드의 가치를 사람들에게 직접 보여 줄 기회가 드문 것이 늘 아쉬웠고, 브랜드를 선보일 공간에 대한 고민이 늘 있었다. 때마침 눈여겨봐 둔 건물 1층이 리모델링을 앞두고 약 한 달간 빈다는 것을 알게 됐다. 바로 건물주를 찾아가 설득했다. "어차피 비어 있는데, 저희가 팝업 열어서 여기 띄워 드릴게요."

어렵게 허락을 받긴 했는데, 공간을 꾸밀 충분한 시간도 자본도 없었다. 다행히 공간을 채울 콘텐츠는 확실했다. 평소 즐겨 찾았던 아러바우트 커피와 독립서점 오키로미터북스토어(오키로북스)를 초빙해 단 22일간 커피다운 커피를 마시며 책을 보다 쉬어 갈 수 있는 북카페 콘셉트의 팝업을 열었다. 인테리어의 디테일은 애초에 포기하고 굵직한 분위기만 잡았다. 재활용 상자를 활용해 데스크를 만들고, 이케아에서 최소한의 가구, 집기, 조명을 사 직접 배치했다. 22일 후 사라진다는 단기성을 강조하기 위해, 하루하루 달력을 뜯으면서 남은 일자를 시각화해 사람들의 궁금증을 자극했다.

렌트에서 처음으로 연 팝업 '22 Days'. 재활용 자재와 이케아에서 산 가구와 집기, 조명을 활용해 최소한의 인테리어만 하는 대신 콘텐츠로 공간을 채웠다.

첫 팝업은 대성공이었다. 22일간 1만 명이 넘는 사람들이 찾아왔고, 약 5,000건의 구매 결제가 이루어졌다. 열악한 제반 사정을 고려할 때 놀라운 성취였다(단기여도 명색이 카페인데 화장실도 없었다). 찾아와 준 것도 고마운데 상당히 많은 분이 "이렇게 인테리어 잘해 놓고 없애기 아깝지 않냐"며 단기 운영을 아쉬워했다. 방문객의 피드백을 직접 들으며 깨달았다. 소비자가 느끼는 인테리어의 완성도는 자본에 있지 않고(22 DAYS 하드웨어를 완성하는 데 500만 원이 채 들지 않았다), 공간이 자아내는 매력적인 분위기와 콘텐츠 밀도에 있다는 것을, 또한 소비자는 경험의 총합으로 공간을 평가한다는 것을 말이다.

파인 다이닝의 대중적 척도가 되는 《미슐랭 가이드》의 업체 선정 기준은 지엽적이지 않고 총체적이다. 레스토랑의 가치를 맛뿐 아니라 전체 분위기, 청결, 응대 서비스 등을 두루 고려해 평가하는 것이다. 사실 이 관점은 소비자가 공간을 평가하는 패턴과 정확히 일치한다. 소비자는 전체적이고 통합적인 관점에서 공간을 인식한다. 공간이 쾌적하지 않거나 서비스가 형편없는 곳은 맛이 빼어나도 다시 발길을 들이지 않는다. 뛰어난 셰프와 맛집이 넘치는 세상인지라 소비자로서는 딱히 아쉽지 않다.

22 Days는 아러바우트 커피, 독립서점 오키로북스와 협업해 '커피다운 커피를 마시며 책을 보면서 쉬어 가는 카페'를
콘셉트로 운영했다.

1 22일 후에는 사라지는 카페라는 단기성을 강조하기 위해 하루하루 달력을 뜯는 방식으로 남은 일자를 시각화했다.

2 렌트와 오키로북스가 함께 연 북토크.

3 22 DAYS는 소비자가 느끼는 인테리어의 완성도는 자본에 있지 않다는 것을 보여 줬다.

콘텐츠가 추동하는
부동산 패러다임의 변화

　　　　　　　　부동산 버블이 한창일 때, 모두가 건물주를 꿈꿨다. 도심에 인구가 밀집해 상업 공간이 모자란 시절에 건물주는 권력의 상징이었다. 영원한 권력은 세상에 없다. 온라인의 급격한 발전과 팬데믹으로 오프라인은 가속도로 붕괴했고, 사람들이 들끓던 상업 공간은 과거의 위상을 잃어 가고 있다(이 문제는 갈수록 심화할 것이다). 역세권의 소위 목 좋은 건물도 시대적 타격을 피해 가지 못하고 있다. 역세권이라는 지리적 위치가 더는 안정적인 유동 인구를 보장하지 않기 때문이다. 강남, 홍대, 신촌, 이태원 등지의 상업 시설에 공실이 넘쳐 나고 있지만, 건물주는 매각가가 떨어진다는 이유로 월세를 낮추지 않고 슬럼화를 부추긴다.

　인간의 생명은 유한하고, 이름의 생명은 무한하다. 이름은 사람들에게서 잊히지 않는 한 영원한 생명력을 갖는다. 불멸은 인간의 기억에서만 실현될 수 있다. 기억에서 잊힐 때 죽음에 이르는 것은 이름뿐이 아니다. 거리도 그렇다. 사람들의 기억에서 잊힌 거리는 죽음을 맞이한다. 쇠락한 상권과 젠트리피케이션으로 무너진 거리는 문명이 수명을 다한 디스토피아의 황폐함을 드러낸다.

　2000년대 전후 이화여대 앞은 사람들로 북적거렸지만, 지금은 황폐할 정도로 사람들이 찾지 않는다. 렌트 4호점은 유동 인구가 적은 거리를 활성화하자는 의도를 가지고 성수가 아닌 이대 앞에 자리 잡았다. 풀 죽은 거리가 소생할 희망이 있을까 싶었지만, 콘텐츠의 힘이 확실하다면 그 희망은 헛된 것이 아니라는 것을 경험으로 실감했다. '부산커피위크' 팝업 덕분에 가질 수 있는 확신이었다.

부산은 커피의 도시다. 부산에는 개성적이고 창의적이며 완성도 높은 카페들이 밀집해 있어 카페 투어를 목적으로 부산에 가는 사람들도 적지 않다. 뛰어난 커피 전문가들을 현지에서 경험하는 것도 좋지만, 서울에서 부산의 유명 커피 브랜드를 만날 수 있다면 사람들이 반가워할 것 같았다. 로컬의 스페셜티 커피 브랜드들을 초빙해 총 4주에 걸쳐 부산커피위크 팝업을 열었다. 트레져스 커피, 플레임 커피 로스터스, 레이지모먼트 커피스탠드, 호끼린 커피 로스터스, 스트럿 커피, 히떼 로스터리 등 부산의 커피업계를 주도하는 브랜드들이 이대 앞에 모였다.

하루 200명이 채 이동하지 않는 슬럼화된 거리에 사람들이 찾아올까 싶었다. 그러나 그 비관이 무색해질 만큼 정말 많은 사람이 찾아왔다. 부산커피위크가 열리는 동안 일 방문자 수가 평균 1,750명에 달했고, 최대 2,700여 명이 방문한 날도 있었다. 사실 영리를 목적으로 한 팝업이 아니라서 하드웨어에 투자할 자본에도 한계가 있었다. 로고, 포스터, 엽서, 디지털 사이니지를 몇 개 만든 게 하드웨어에 투자한 전부였다. 그런데도 오롯이 부산의 커피 명물을 만

유동 인구가 적은 거리를 활성화하자는 의도로 '부산커피위크'는 성수가 아닌 이대 앞에서 열었다.

나기 위해 찾아온 사람들로 인산인해를 이루었다.

부산도 아닌 서울에서, 서울 사람을 대상으로 우리는 커피의 맛을 팔았을까? 부산에 얽힌 저마다의 기억이나 여행에 대한 기대를 팔았을까? 부산 여행을 가고 싶은 사람들, 부산에서 즐겁게 마신 커피 한 잔의 기억을 가진 사람들, 부산의 커피가 궁금하지만 가보지 못한 이들이 우리의 고객이었다.

부산커피위크 때문에 10년 만에 이대 앞에 와 봤다는 방문 고객의 말은 의미심장했다. 결국 방문의 이유를 만들고, 소비의 이유를 제안하고, 소비하고 싶은 판타지를 만드는 것이 오프라인의 본질이다. 부산커피위크를 열 때, 하드웨어에 투자하기보다 소프트웨어, 즉 콘텐츠에 집중했다. 작금의 오프라인은 더는 물성 경쟁의 시장이 아니다. '좋다', '맛있다'의 차원이 아니라 그 공간에 담긴 콘텐츠를 '사람들이 얼마나 궁금해하는지'가 오프라인의 가치를 결정한다.

한 번의 팝업으로 거리가 바뀔 수는 없다. 다만 거기서부터가 시작이다. 사람들의 가진 부정적 인식을 바꾸고, 가치 있는 정보를 발산하는 오프라인의 가능성에서 변화는 시작된다. 부동산 가치가 턱없이 오른 수많은 거리는 그러한 작은 변화들이 쌓여 만들어진 결과물이다.

사람들의 발길이 끊이지 않는 지역은 늙지 않는다. 사람이 찾지 않는 건물은 급격히 노후화된다. 건물주가 사람을 불러 모으는 세

부산커피위크는 이대 앞에서 부산의 커피업계를 주도하는 스페셜티 커피 브랜드들을 총 4주에 걸쳐 순차적으로 만나 볼 수 있는 이벤트였다.

입자에게 권력을 위임하는 세태는 오프라인의 붕괴 과정에서 예정된 절차였다. 그렇게 새롭게 태동한 권력이 콘텐츠 창작자, 플레이어, 프로듀서를 일컫는 이른바 '콘텐주'다. 좋은 콘텐츠를 가진 사람들이 유동 인구를 만드는 주역이 된 것이다. 유동 인구에 따라 지역과 건물의 가치는 변화한다. 부동산의 성장 가능성이 유동 인구에 달려 있다는 사실은 전통적 부동산 시장의 혼란과 붕괴를 내포한다. 이제 공간 설계에서 가장 중요한 것은 하드웨어가 아니라 소프트웨어다. 하드웨어를 만드는 데 쏟아부은 자본이 소프트웨어로 이동해야 하고, 또 이동하고 있다. 사람들을 끌어들일 수 있는 목적성이 분명한 공간은 콘텐츠에 의존한다. 콘텐츠가 비어 있는 상업 공간 그 자체는 의미가 없다.

일회성의 만남은 관계가 아니다. 잦은 만남 속에서 관계는 구체화된다. 공간은 사람들과의 의미 있는 연속적 만남을 통해 생존을 보장받을 수 있다. 브랜드와 소비자의 관계성을 강화하는 공간은 창작자의 관점이 아니라, 비즈니스 관점에서 개발되는 게 낫다. 지속성의 확률이 더 커지기 때문이다.

코어 밸류

브랜드의 대체 불가능한 뼈대

CORE VALUE

브랜드가 세계관을 가져야 하는 이유

가치란 무엇인가? 가치란 단어는 기준과 대상에 따라 그 내용이 달라진다. 각각의 산업은 저마다의 방식으로 가치를 정의한다. 예컨대 제조업, 서비스업, 스타트업에서는 지향하는 가치가 각기 다르다. 특정 상황과 콘텍스트에서 가치란 단어가 '형성'되는 것이다. 제조업에서는 기능이, 서비스업에서는 희소성이, 스타트업에서는 창조성과 희귀성이 가치 있다. 누군가에게 핵심 가치를 제안할 때는 가치의 맥락적 적합성을 유념해야 한다. 나에게는 너무나 절실한 무언가가 상대방에게는 아무 가치가 없을 수도 있다. 어느 상황에서나 유의미한 절대 가치는 없고, 소비자의 인식과 선택의 콘텍스트에서 가치는 오직 상대적으로 존재한다.

브랜드의 코어 밸류core value란 사람들이 모든 기회비용이나 함몰비용을 버리고 그 브랜드를 선택해야만 하는 이유다. 지금은 기능적 생존이 아닌 사회적 소비, 자아실현을 위한 소비의 시대다. 더구나 원자화된 개인이 늘며 고질적 외로움이 시장의 캐시카우가 되었고, 정신적 동질감이나 소속감을 얻는 데 지갑을 더 쉽게 열고 있다.

기존의 오프라인은 판매를 목적으로 한 물리적 공간의 성격이 강했다. 온라인 커머스의 성장으로 물건을 사고파는 시장의 기능은 축소했고, 새벽 배송이 비약적으로 발전하며 오프라인의 즉시성도 퇴색했다. 뭘 사도 인터넷이 제일 싸고, 못 참을 만큼 배송이 오래 걸리지 않으며, 한껏 높아진 소비자의 눈높이를 충족시킬 만큼 다양한 상품을 한정된 공간에 채울 수도 없다.

급격하게 발전하는 테크와 고도화되는 경제 체제가 우리 삶에 미치는 영향력이 갈수록 커지고 있다. 뉴노멀이 순식간에 노멀이 되고, 미지의 뉴노멀이 밀려오는 사이클에서 자유로운 현대인은 없다. 세상이 이런 모습이라 구태의연하게 과거를 고수하는 태도는 도태를 의미한다. 현실이 이러한데 오프라인이 전통적 기능에 머무르는 것이 과연 합당할까. 전통적 기능의 한계 상황이 분명한 만큼 오프라인의 변화는 피할 수 있는 성격이 아니다.

온라인의 편의성과 상품 종의 다양성을 넘어설 수 있는 오프라인만의 가치는 브랜드의 코어 밸류, 밸류 프로포지션value proposition으로 연계된다. 브랜드의 핵심 가치는 아이덴티티의 영역이다. 아이덴티티는 제품의 기능만으로 설명할 수 없고, 대체할 수 없는 세계관의 관점에서 찾을 수 있다. 예를 들어, MIT 미디어랩의 로고는 정형화된 이미지를 거부하며, 미니멀한 색채와 형태로 그들만의 아이덴티티를 역동적으로 보여 준다. 변주된 이미지 속에서 MIT 미디어랩의 로고는 끊임없이 흐른다. 사람들은 콘텍스트에 따라 변화하며 자기동일성을 유지하는 MIT 미디어랩의 아이덴티티를 보며 거부감이나 혼란을 느끼지 않고 '그들다운' 행보라 수긍한다.

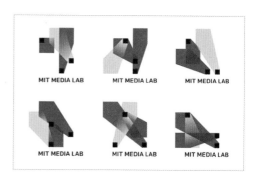

여러 형태로 변주 가능한 MIT 미디어랩 로고. © MIT Media Lab

브랜드 아이덴티티는 물리적 특성이 아닌 정신으로 구성된다. 애초에 아이덴티티는 물성적 측면에서 수량화하거나 계산할 수 있는 성격이 아니다. 물론 산업화 초기에는 단순한 물성을, 즉 로고나 뛰어난 기능을 가진 제품을 브랜드 아이덴티티로 받아들였다. 그게 필요했기 때문이다. 소비자에게 더는 필요한 것이 없는 지금도 구시대적 아이덴티티가 남아 있다. 다종다양한 이미지가 넘쳐나고, 제품의 기능만으로 브랜드를 차별할 수 없음에도 브랜드의 코어 밸류를 물성으로 인식한다.

한 사람의 인격은 스펙으로 측정할 수 없다. 브랜드 아이덴티티는 그들이 전달하고자 하는 이야기, 방향성, 비전, 행동 등을 통해 소비자에게 각인된다. 인품이 훌륭한 사람이 존경받는 것과 마찬가지로 미래를 기대할 만한 비전을 가진 브랜드가 존중받는다. 기능을 과시하는 것이 아니라, 인간에 대한 근본적 고민을 바탕으로 이야깃거리를 만들고 소통하며 더 나은 미래를 제안하는 브랜드가 사람들의 마음에 닻을 내린다.

욕망의 시대

마케팅 회의에서 자주 이런 말이 오간다. '소비자의 니즈needs를 공략해야 한다.' 만만치 않게 오르내리는 또 다른 말이 있다. '소비자의 원츠wants를 알아야 한다.' 그런데 그 니즈나 원츠가 소비자에게 의미 있는 가치가 아니라면? 더는 필요하거나 원하는 것이 없다면? 집안 곳곳 필요 이상 넘쳐 나는 물건 때문에 줄곧 스트레스받고, 무언가를 원하기보다 원하지 않거나 원하는 게 뭔지 모르는 내면 상태가 요즘 소비자의 기본값이라면?

그렇다면 욕망desire이 남는다. 욕망은 이성과 합리성의 영역 밖에 있다. 애초에 자연 상태의 인간은 불합리한 존재다. 우리가 합리적이라면, 목이 마를 때 삼다수를 사지 에비앙을 사지 않을 것이고, 살 책이 있을 때도 오프라인이 아니라 온라인 서점에서 구매할 것이며, 기능상으로 효율이 제로로 수렴되는 명품 가방은 만들지도 않았을 것이다. 그러고 보면 인간의 비합리적 본성이 문명을 이끌고 자본주의는 발전시켰다고 해도 과언이 아니다.

소비자의 욕망이 시장 가치를 만든다. 욕망이 만들어 내는 시장에는 제한이 없다. 시장에서 제품의 가격을 결정짓고, 성과를 내는 포인트도 여기에 있다. 기능적 합리성으로 오프라인의 강점이나 가

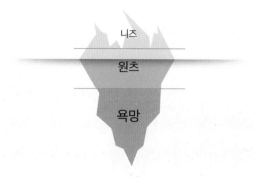

치를 설명하기 어렵다. 온라인도 사정은 비슷하다. 인간의 의식을 압도하는 것은 무의식이다. 현대 사회에서 인간의 소비를 결정짓는 영역은 합리성이 아닌 비합리성이다. 지금 오프라인이 주목할 지점은 이성적 관점으로 설명할 수 없는 인간의 비합리적 측면이다.

우리는 왜 오프라인을 소비하는가? 공급 부족 시대의 오프라인은 부를 과시하는 수단이자 대상으로 '기능'했으나, 공급 과잉 시대의 오프라인은 커뮤니케이션을 위한 '목적'지가 된다. 기능 소비에서 가치 소비로의 전환이 오프라인에도 투영된 것이다. 오프라인에서 어떤 경험을 하느냐가 중요할 뿐 공간의 물성적 화려함이 미치는 영향은 미미하다. 현대 소비자는 욕망을 의사결정 과정의 상위 가치로 둔다. 그들이 지향하는 경험은 공간감atmosphere에 의해 좌우된다. 그들은 공간을 장악하기보다는 공간에 장악당하기를 바라 마지않는다. 뻔한 공간이 주는 지루함보다 예상치 못한 놀라움

토종 벼에 대한 이야기를 공유하고자 기획한 팝업.

과 통념을 거스르는 새로운 경험을 바라기 때문이다. 소비자의 바람이 충족될 때, 그 공간의 콘텍스트에 기꺼이 설득될 때 자연스럽게 소비가 이루어진다.

프로젝트 렌트 기획 팝업 중 토종 벼를 주제로 한 것이 있었다. 전체 소비량이 줄기는 했지만 한국인의 주식은 쌀이다. 그런데 우리는 쌀에 대해 얼마나 알고 있을까. 익숙해서 쌀을 잘 안다고 생각하지만 과연 그럴까. 일상 가까이에 있지만, 정작 그게 뭔지 잘 모른다는 문제의식에 이끌려 '토종벼' 팝업을 기획했다. 모든 기획에는 충분한 연구가 전제되어야 하기에 자료 조사에 돌입했다. 알수록 흥미로운 것이 토종 벼의 비하인드 스토리지만, 그중 가장 놀라운 것은 종적種跡 스펙트럼이었다. 쌀이라 하면 천편일률적으로 백미를 떠올리지만, 일제 강점기 기준 한반도에서 재배한 쌀의 종류가 무려 1,450여 종이었다. 종, 맛, 개성이 출중한 우리 쌀 이야기를 사람들과 공유하고 싶었다.

전통적인 유기 농업으로 토종 벼를 재배하는 우보농장과 협업으로 팝업을 진행했다. 자기주장이 확실한 28종의 벼를 추천받아 소규모 패키지로 묶어 전시했다. 다종다양한 품종을 보여 주는 데 그치지 않고, 방문자의 체험을 다각화하기 위해 워크숍을 준비했다. 토종 벼의 역사와 특성을 요약한 강연, 도정 체험, 전시된 쌀로 만든 푸드 테이스팅 등 다채로운 프로그램을 구비해 고객 참여를 유도했다.

우보농장에서 특징이 확실한 벼 28종을 추천받아 소규모 패키지로 묶어 전시, 판매했다.

매장, 즉 공간의 정의가 바뀌면 소비자도 바뀐다. 소비자란 고정된 존재가 아니고, 특정 소비자가 잠재 소비자인 인간을 대표하는 것도 아니다. 물론 시장을 90퍼센트 이상 점유한 브랜드의 고객은 고정되어 있을 것이다. 그러나 경쟁사가 있고, 그 브랜드의 대체재가 있다면 소비자는 언제든 달라질 수 있다.

토종벼 팝업에서 흥미로운 지점은 소비자의 변화였다. 당시 경기미가 200그램 기준으로 약 500원이었고, 가장 비싸다는 밀키퀸이 200그램에 1,800원 수준이었다. 팝업의 토종 벼는 150~200그램 단위로 개당 7,000원에 판매했다. 뭐 그리 비싸게 팔았냐 의문을 가질 수도 있겠지만, 매장을 찾아 쌀을 구매한 고객 중 누구도 가격을 문제 삼지 않았다. 생활필수품을 구매하는 것이 아니라 공간 경험을 완성하는 소비였기에 합리적인 가격 적정선의 저항이 없었다. 오히려 전시된 모든 쌀을 종류별로 사 가는 손 큰 고객이 더 많았다.

'토종벼'는 전시 성격이 강한 팝업이었다. 실질적 구매보다는 토종 벼에 대한 궁금증, 그에 얽힌 이야기, 의미 있는 체험을 기대하는 사람들이 팝업을 찾았다. 공간을 방문하는 목적이 단순 구매가 아니게 된 순간, 사람들은 기능적 소비자와는 다른 태도로 공간에 스며든다. 럭셔리하우스나 명품 매장에 갔을 때, 그 공간에 자신의 복장과 태도가 어울리는지를 자연스럽게 고민하는 것과 같은 이치다. 가격을 결정하는 것은 콘텍스트다. 기획된 공간에서 상품의 가

마우리치오 카텔란의 〈바나나〉. ⓒ 2019 Creative Travel Projects/Shutterstock

치가 재탄생하고, 그 공간에서만 완성되는 상품의 가치가 소비자의 지출 의지를 결정한다. 방문객들은 팝업에서 판매하는 쌀 가격을 일반 마트의 쌀 가격과 비교하지 않았다.

괴짜 미술가로 알려진 마우리치오 카텔란Maurizio Cattelan의 전시를 떠올려 보자. 새하얀 벽에 은색 박스테이프로 붙여 놓은 시든 바나나 하나. 리움미술관에서 열린 이 설치 미술 작품의 가격은 무려 1억 5,000만 원이었다. 이 작품은 예술에 무관심한 배고픈 대학생에게는 벽에 붙은 흔한 열대과일이었지만, 미술관을 부러 찾아온 관람객에게는 감히 손댈 수 없는 위대한 작품이었다. 확실한 건 이 작품이 미술관을 벗어나 담벼락에 붙어 있었다면 과태료 대상이 되었을 것이다.

토종 벼의 역사와 특성을 알려 주는 강연, 도정 체험을 비롯해 전시된 쌀로 만든
푸드 테이스팅, 굿즈 판매 등을 통해 고객 참여를 유도했다.

팝업에서 토종 쌀을 150~200그램 단위로 개당 7,000원에
판매했지만, 방문객들은 쌀 가격을 일반 마트와 비교하지 않았다.

우리는 커피를 마시기 위해
카페에 가는 걸까

"카페를 창업할 때 가장 중요한 포인트가 뭐라고 생각하세요?"

"음… 원두?"

강연이나 미팅 자리에서 종종 묻는 말에 상대방은 보통 같은 유형의 답을 준다. 카페라는 단어 자체로 볼 때는 아주 틀린 답은 아니다. 프랑스어 카페café는 '커피, 커피를 마시는 공간, 식사 후 커피를 마시는 시간'을 뜻하며, 대개 카페는 커피 마시러 가는 장소라는 인식이 지배적이니까. 그런데 사전적 뜻 너머 우리 일상의 콘텍스트에서 카페는 어떻게 자리매김하고 있을까? 카페를 카페답게 만드는 본질은 무엇일까? 원두나 에스프레소 머신 없이 카페가 카페일 수 없을까?

카페를 찾는 이유는 다양하다. 더욱이 여가를 대표하는 공원 문화가 미비한 한국 사회에서 카페는 공공장소로 기능하며, 일상을 떠받치는 다양한 차원의 문제를 해결하는 장소로 활용된다. 틀에 박힌 일상에서 탈출하기 위해, 혼자만의 오롯한 시간을 보내기 위해, 공부나 업무에 집중할 공간을 찾기 위해, 사람들을 만나 이야기 나누기 위해, 바리스타의 퍼포먼스를 보기 위해, 그 공간만이 줄 수 있는 감흥에 동조해서 카페에 간다. 이 외에도 카페에 가는 이유는 인간의 생김새만큼이나 다양하고, 그 제각각의 이유가 카페의 코어 밸류를 만든다.

고객의 사용 목적에 따라 카페는 고유성을 갖는다. 방문자가 카페를 찾는 목적이 카페의 핵심 가치라 할 수 있다. 스터디 카페의 방문 목적은 자기 계발에 필요한 공간을 확보하는 것이다. 디저트 카페는 핵심 메뉴가 확실하다면 굳이 좋은 커피가 없어도 운영에 무리가 없다. 스타벅스는 편의점 수준으로 메뉴와 굿즈를 다양화하며 지친 현대인의 피난처로 기능한다. 대학가의 어떤 카페는 학생들이 카페 회원으로 가입하면 커피를 무료로 준다(고객 동의하에 정보를 리크루트 회사에 판매한다). 호쾌한 접객에 특화되어 라테 아트로 그때그때 떠오르는 상욕을 써 화제가 된 카페도 있다. 분명한 소비자군을 가진 이런 카페들을 볼 때, 단지 원두나 음료라는 물성으로 카페의 아이덴티티를 규정하는 것은 아무래도 사회문화적 콘텍스트나 공간이 소비되는 시의성에 엇나간 것 같다.

카페를 창업할 때도 비즈니스 모델을 확정하는 것이 중요하다. 유명 브랜드의 값비싼 머신을 들이거나 인테리어에 돈을 쏟아붓는 게 창업의 시작점에서 가장 고민해야 할 지점이 더는 아니다. 디저트 카페에서 중요한 것은 커피보다 디저트고, 북카페에서 중요한 것은 커피보다 출판사의 정체성과 브랜딩이며, 스터디형 카페에서 중요한 것은 커피가 아니라 일에 집중할 수 있는 공간이다.

　　카페뿐 아니라 모든 산업이 마찬가지다. 어떤 분야든 물성이 아
닌 가치로 경쟁하는 시대다. 기능이 충족된 시대에 우리는 그 브랜
드의 아이덴티티와 정신에 동조해 지갑을 연다고 해도 과언이 아
니다. 동일한 기능을 가진 물건이어도 가격은 천차만별이다. 바람
막이 기능을 가진 옷은 흔하지만 굳이 "이 재킷을 사지 말라Don't buy
this jacket"고 광고하는 파타고니아를 산다. "코카콜라를 사지 말라
Don't buy Coca-Cola"고 도발하는 코카콜라 리사이클 캠페인에 흥미를 갖
고, 2002년 설립 시부터 줄곧 손익 분기점을 넘지 못했던 민간 우
주탐사 기업 스페이스 엑스에 관심을 둔다(현재 기업 가치가 치솟는 중
이다).

DON'T BUY
THIS JACKET

It's Black Friday, the day in the year retail turns from red to black and starts to make real money. But Black Friday, and the culture of consumption it reflects, puts the economy of natural systems that support all life firmly in the red. We're now using the resources of one-and-a-half planets on our one and only planet.

Because Patagonia wants to be in business for a good long time – and leave a world inhabitable for our kids – we want to do the opposite of every other business today. We ask you to buy less and to reflect before you spend a dime on this jacket or anything else.

Environmental bankruptcy, as with corporate bankruptcy, can happen very slowly, then all of a sudden. This is what we face unless we slow down, then reverse the damage. We're running short on fresh water, topsoil, fisheries, wetlands – all our planet's natural systems and resources that support business, and life, including our own.

The environmental cost of everything we make is astonishing. Consider the R2® Jacket shown, one of our best sellers. To make it required 135 liters of

COMMON THREADS INITIATIVE

REDUCE
WE make useful gear that lasts a long time
YOU don't buy what you don't need

REPAIR
WE help you repair your Patagonia gear
YOU pledge to fix what's broken

REUSE
WE help find a home for Patagonia gear
you no longer need
YOU sell or pass it on*

RECYCLE
WE will take back your Patagonia gear
YOU pledge to keep your stuff out of
the landfill and incinerator

REIMAGINE
TOGETHER we reimagine a world where we take
only what nature can replace

water, enough to meet the daily needs (three glasses a day) of 45 people. Its journey from its origin as 60% recycled polyester to our Reno warehouse generated nearly 20 pounds of carbon dioxide, 24 times the weight of the finished product. This jacket left behind, on its way to Reno, two-thirds its weight in waste.

And this is a 60% recycled polyester jacket, knit and sewn to a high standard; it is exceptionally durable, so you won't have to replace it as often. And when it comes to the end of its useful life we'll take it back to recycle into a product of equal value. But, as is true of all the things we can make and you can buy, this jacket comes with an environmental cost higher than its price.

There is much to be done and plenty for us all to do. Don't buy what you don't need. Think twice before you buy anything. Go to patagonia.com/CommonThreads or scan the QR code below. Take the Common Threads Initiative pledge, and join us in the fifth "R," to reimagine a world where we take only what nature can replace.

patagonia®
patagonia.com

*If you sell your used Patagonia product on eBay® and take the Common Threads Initiative pledge, we will co-list your product on patagonia.com for no additional charge.

TAKE THE PLEDGE

브랜드 아이덴티티를 잘 보여 주는 파타고니아(위)와 코카콜라(왼쪽)의 광고. © Patagonia © Coca-Cola Company

CHAPTER

3

목적

관광지가 되는 장소

THE GOAL

메가 스토어의 위기와
오프라인의 돌파구

프로젝트 렌트 창업 초기의 일이다. 현대백화점에서 '부산'을 주제로 팝업을 진행했다. 팝업에 입점한 브랜드 중 플라스틱 식기를 관심 있게 살펴보던 60대 후반의 여성분께서 예상 밖의 질문을 하셨다.

"이거 인터넷에서도 팔아요?"

짧지만 정신이 번쩍 드는 말이었다. 시니어 세대는 오프라인 소비가 익숙할 거라 지레짐작했는데, 모난 확증 편향이 무색해질 만큼 허를 찌르는 질문이었다. 어르신의 질문을 받기 전까지 오프라인의 위기를 체감하지 못했다. 오프라인 위기는 꽤 오래전부터 거론되어 왔고, 온라인 커머스가 소비를 주도하며 리테일의 50퍼센트가 온라인으로 이동했지만, 그 파급력이 일상에 얼마만큼 영향을 미치고 있는지는 피부로 와닿지 않았다.

그때부터 고민이 깊어졌다. 한국은 전 세계적으로 가장 강력한 온라인 배송 시스템을 구축했다. 다종다양한 상품을 구비해 소비자를 유혹하던 백화점百貨店과 메가 스토어는 온라인의 무한한 상품군과 대적할 수 없다. 가격 경쟁력 측면에서도 온라인은 절대 우위에 있다. 강점의 스케일로 보면 승산 없는 싸움 같은데, 그럼에도 불구하고 라운드에 오를 만한 오프라인만의 경쟁력은 무엇일까? 온라인이 아니라 오프라인에서 소비자가 얻을 수 있는 가치는 무엇일까? 전통적인 리테일 붕괴 시점에 '지금 여기의 오프라인'을 어떻게 재정의해야 할까? 온라인의 편의성을 넘어서는 오프라인의 핵심 경험을 어떻게 만들 수 있을까?

적어도 현시점에서 오프라인의 돌파구는 마케팅 커뮤니케이션과 브랜드 인게이지먼트 관점에서 찾을 수 있다. 막연하게 물건을 만들었으니까 매장을 내고 뭔가를 팔아야 한다는 강박에서 벗어나야 한다. 물건을 팔려고 소비자를 강압할수록 팔리지 않기 때문이다. 반대로 오프라인에서 좋은 경험을 한 소비자는 자연스레 제품을 구매한다. 공간이 전달하고자 하는 이야기나 브랜드의 진심에 동조할 때 소비가 이루어진다. 편의성, 경제적 이득 그 이상의 가치를 경험할 때 가능한 일이다.

뉴욕 맨해튼 5번가의 애플스토어는 전 세계 애플스토어 중 소비자 방문율과 단위 면적당 매출이 가장 높은 매장이다. 애플스토어 1호점이라는 특수성도 있지만, 2011년에 7개월간 약 670만 달러를 투자해 리모델링한 이후 애플 사용자들의 성지로 거듭났다. 리모델링의 핵심은 유리 파사드의 단순화simplicity였다. 통유리를 제작해 가로 세로로 세분된 분할선을 최소한으로 없애며, 유기적 연결을 상징하는 조형물로서의 가치를 극대화했다. 이 공간은 강력한 팬덤 문화를 형성한 애플 사용자들의 열렬한 지지를 받았다. 애플의

맨해튼 5번가의 애플스토어는 단순 명확함을 추구하는 브랜드의 정신성을 고스란히 보여 준다. ⓒ Apple

세계관을 모르는 사람들은 리모델링의 결과를 폄훼했지만 긍정적 평가를 뒤엎을 정도는 아니었다.

5번가의 애플스토어는 기능적인 판매의 공간이 아니다. 그저 멋진 모습을 지향한 공간도, 사용 효율에 최적화된 공간도 아니다. 단순 명확함을 추구하는 브랜드의 정신이 고스란히 녹아들어 오히려 극도로 로맨틱한 공간이다. 이곳은 애플의 제품을 제외하고, 애플다움을 보여 주는 가장 극적인 커뮤니케이션 수단이다. 5번가의 애플스토어는 가장 이상적인 플래그십 스토어이자 뉴욕의 필수 관광지로 자리 잡았다.

브랜드의 정수가 스며든 오프라인은 그 자체가 목적지가 된다. 소비자에게 목적지가 될 만한 가치 있는 공간은 크게 세 가지로 분류할 수 있다.

1. 정형화된 일상에서 벗어나 극적 경험을 할 수 있는 공간
2. 브랜드 아이덴티티가 오롯이 투영된 밀도 있는 공간
3. 도시사회학자 레이 올든버그Ray Oldenburg가 주장하는 '제3의 장소'

제3의 장소는 가정이나 직장 외 건전한 관계 형성에 토대가 되는 공간을 뜻한다. 이해관계에 종속되지 않은 만남을 장려하고, 비공식적 공공 생활을 지지하는 제3의 장소는 일종의 커뮤니티 공간이다. 이 공간의 정체성은 대개 식음료(특히 음료)를 통해 만들어진다고 올든버그는 강조하는데, 대표적인 제3의 장소로 카페를 꼽는다.

로컬의 힘

맥도날드화가 미래지향적이라고 생각하던 때가 있었다. 전 세계에 본격적인 현대화의 물결이 일렁이자, 미국식 팍스 아메리카의 판타지와 함께 많은 지역이 자신들의 고유성을 지워 내고 '서구다움'을 지향했다.

세계화의 성장은 국가 간 문화 이동의 속도를 평준화했다. 파리나 뉴욕에서 뜨거운 사회문화적 이슈는 더는 그 지역의 전유물이 아니다. 전 세계가 같은 옷, 같은 자극, 같은 이야기를 소비하고 있다. 뉴욕을 가도, 파리를 가도, 명동을 가도 모두가 자라ZARA, H&M, 유니클로를 입고, 맥도날드와 코카콜라를 마신다.

빅 브랜드가 전 세계인의 생활에 깊이 침투하면서 역설적으로 각 지역이 갖는 고유성이 더 중요해지기 시작했다. 서구에 동화하는 과정에서 잃어버리고 지워 버린 문화적 다양성이 새로운 콘텐츠의 자원이자 본질이 된다는 것을 깨달았다. 인간은 결여된 것, 갖지 못한 것에 자극받는다. 이제 겪어 보지 못한 낯선 경험에 더욱 가치가 실리고 있다.

전통적인 관광 자원은 기후, 풍토, 고적, 문화 시설, 음식 등이지만, 지금은 문화 콘텐츠가 강력한 관광 자원이다. 잘 만든 영화, 드라마, 애니메이션의 배경 장소나 촬영지에 팬들의 발길이 끊이지 않고, 케이팝이나 케이푸드에 관심이 있는 외국인들이 한국을 찾아 서울이라는 대도시가 가진 특유의 매력에 빠져드는 것을 보면, 콘텐츠의 저력이 얼마나 무궁무진한지 알 수 있다.

　브랜드의 특정 공간이 방문의 최종 목적지가 된다는 것은 그곳이 곧 관광지가 된다는 것을 의미한다. 또한 관광지가 된다는 것은 로컬화에 성공했다는 것을 함의한다. 관광지는 기본적으로 글로벌 경쟁력을 탑재한 개념이다. 로컬과 글로벌은 공생 관계에 있는 근접 개념으로 이해할 수 있다. 또한 로컬은 문화적 콘텍스트에 의존한다. 《골목길 자본론》을 쓴 모종린 교수는 글로벌을 기준에 두면 서울이 로컬이고, 도시를 기준에 두면 동네가 로컬이라 말하며 로컬의 본질은 문화에 있다고 역설한다.

　로컬의 특이성을 살린 공간 사례로 포틀랜드의 에이스 호텔ACE HOTEL이 흔히 회자된다. 디자이너 하라 켄야는 《저공비행》에서 로컬의 풍토가 지닌 매력에 집중할 때, 마침내 모습을 드러내는 것이 '호텔'이라고 말한다. "잘 만들어진 호텔은 그 지역에 대한 최상의 해석이자 음미된 풍토 그 자체이기 때문이다." 에이스 호텔은 하라 켄야의 주장에 부합하는 사례다. 에이스 호텔은 호텔 특유의 경직된 이미지에서 벗어나 지역 사람들이 머물며 어울릴 수 있는 공간을 꿈꾸며 기획되었다. 에이스 호텔 1호점은 번화가에서 벗어나 유동 인구가 적은 지역에서 출발했다. 동네 아티스트, F&B 브랜드와 협업하며 독자적인 세계관을 만들었고, 미국 곳곳으로 지점을

1	2
3	4

1 시애틀에 위치한 에이스 호텔 1호점. ⓒ ACE HOTEL
2 가쓰라강 바로 앞에 위치한 아라비카커피 교토 아라시야마점.
3 트렁크 호텔 도쿄 외관. ⓒ 株式会社TRUNK
4 트렁크 호텔 도쿄 1층 라운지바. ⓒ 株式会社TRUNK

블루보틀 교토. © Blue Bottle Coffee Japan

넓혔다. 그중 포틀랜드점은 대표 명소로 자리하며 부티크 호텔의 장을 열었다. 에이스 호텔은 해외에서도 여러 프로젝트를 진행했다. 트렁크 호텔 도쿄TRUNK HOTEL TOKYO도 그들의 작품 중 하나다. 일본의 고급 상권인 오모테산도에 들어선 이 호텔은 객실 수가 많지 않다. 오히려 레스토랑, 웨딩홀, 1층 라운지가 활성화된 호텔이다.

호텔뿐 아니라 해외 브랜드를 자국에 입점시킬 때도 로컬의 에센스를 활용해야 안정적인 토착화가 가능하다. 그 대표 사례가 블루보틀 교토다. 일본의 고전적인 목조 건물이 불러일으키는 서정, 교토의 맑은 하늘만큼이나 깨끗한 지역의 정결함, 고즈넉하고 지적인 정감을 자아내는 교토만의 분위기에 블루보틀의 모던한 이미지가 어우러지며 블루보틀 본점보다 임팩트 있는 공간을 완성했다. 사실 한국 사람들에게 블루보틀이라는 브랜드 이미지는 생경했다. 브랜드명과 파란색 병 로고는 유학생이나 프로 여행객들에게나 익숙했다. 오히려 공간의 이미지를 완성한 것은 블루보틀 교토와 도쿄 아오야마점이 아닐까 싶다(국내 블루보틀 1호는 성수점인데, 2호 삼청점이 더 '블루보틀답다'는 평가가 지배적이다). 아라비카커피(국내에는 '응커피'로 알려져 있다) 교토 아라시야마점도 언제나 사람들이 줄을 선다. 이 공간은 가쓰라강이라는 배경이 없다면 카페의 정체성을 완성하지 못했을 만큼 로컬의 자연물에 녹아내려 편안하고 호젓한 분위기를 자아낸다.

해외 브랜드가 국내에 유입되는 과정에서 브랜드 아이덴티티가 왜곡되는 경우가 종종 있다. 싱가포르 피에스 카페PS.Cafe는 브랜드 특유의 자연친화적 정체성을 담지 못하고 도심의 흔한 부티크카페가 되어 아쉬움을 남겼다. 이탈리아 태생의 브랜드 편집숍 10꼬르소꼬모10 CORSO COMO도 현지 브랜딩은 탁월하나 국내 도입 과정에서 브랜드 본질을 살리지 못한 사례로 꼽을 수 있다.

'로컬다움'이란 다양하게 해석될 수 있다. 그 지역만이 가진 이야기, 지역 특산품, 지역 특유의 건축 스타일도 지역 정체성을 대변할 수 있다. 중요한 것인 그들, 그 지역만의 독특함이 매력적인 콘텐츠로 재생산되고, 오프라인에 녹아들 수 있느냐다. 성공한 팝업은 다양한 측면에서 거론될 수 있지만, 로컬의 장점을 살리고 그 지역에 녹아드는 데서 성공 요인을 찾을 수 있다. 오직 그 지역에서만 마주하고 느낄 수 있는 강점을 찾아 사람들이 공감할 만한 이야깃거리를 만들어 내는 것이 관건이다. 팝업의 요람으로 부상한 성수는 지역민들 특유의 실험성과 전위성, 낡은 공장 지대 특유의 거칠면서도 친근한 분위기가 이 지역만의 매력적인 자원이었다. 이 요소들이 시너지를 내며 급격한 지역 발전으로 이어졌다. 비약적 발전에 따른 잡음과 진통을 성수도 벗어나지 못하고 있지만 말이다.

싱가포르 피에스 카페는 국내에 유입되는 과정에서 브랜드 특유의 자연친화적
브랜드 아이덴티티를 고수하지 못해 아쉬움을 남겼다 © PS Cafe

방문율이 아니라 구매 전환율에
주목해야 하는 이유

관계의 깊이를 결정하는 것은 양적 횟수가 아니라 경험의 질적 밀도다. 열 번을 만나도 기억에 남지 않는 사람과 한 번을 만나도 평생 잊을 수 없는 사람이 있다. 관계는 양의 논리만으로 설명할 수 없다.

브랜드 커뮤니케이션의 관점에서 고객 방문율 그 자체는 의미가 없다. 무조건 사람들이 많이 오는 것이 브랜드와 소비자의 관계성을 강화했다는 증거가 될 수 없기 때문이다. 중요한 것은 고객이 최종 목적지로 그 팝업을 선택했느냐다. 관계자들은 높은 일평균 방문자 수치를 성공한 팝업의 지표로 평가하지만, 관계성 차원에서 방문객의 수는 허수에 가깝다. 유동 인구가 많은 거리에 대형 팝업을 열었다고 하자. 데이트하러 나온 젊은 커플이 패션몰만큼 진입 장벽이 낮게 느껴지는 팝업 공간에 별생각 없이 들어와 사은품만 받고 5분 만에 사라졌다면, 그 팝업은 브랜드 커뮤니케이션의 어떤 측면을 강화했다고 볼 수 있을까.

브랜드 메시지를 알리겠다는 목표 의식 없이 팝업 현장에서의 제품 판매량, 방문객 수, SNS 팔로워 수를 늘리는 데 급급해 경품을 퍼 주는 판촉형 팝업은 브랜드 커뮤니케이션 관점에서 무가치하다.

소비자가 브랜드 활동에 참여하는 경험은 소비를 통해 완성된다. 오프라인에 전시된 제품 중 열이면 열이 좋다고 칭찬해도, 단 하나를 사지 않으면 그 공간에서의 경험은 미완으로 남는다. 소비란 고도의 정신적 비용을 지불하고 이루어지는 의사결정 행위기 때문이다. 이것이 방문율과 구매 전환율을 다르게 봐야 하는 이유다.

거리 곳곳에서 팝업을 열었다며 다양한 상품과 증정품을 나눠 준다. 증정의 근거는 고객 체험이란다. 공짜라서 사람들이 모이지만, 무작정 퍼 주는 게 브랜드에 긍정적인 영향을 끼칠까? 우리는 쉽게 얻은 것은 쉽게 잊고, 어렵게 얻은 것은 오래 기억한다. 공짜로 받은 것에 고마워하는 사람은 별로 없다. 어렵게 얻을수록 특별함이 더해져 브랜드 관여도가 높아진다. 증정이 능사가 아니라는 말이다.

판촉형 팝업이 성행하면서 팝업을 찾는 체리피커가 늘었다. 메시지가 담긴 기획된 공간을 음미하고 즐기기보다 공짜라는 잿밥에 관심이 많다. 브랜드 관점에서 체리피커는 의미 있는 소비자가 아니다. 그들은 의미 있는 정보를 발신하지 않는다. 우리는 왜 밤새 줄을 서서라도 명품 가방을 사는가? 왜 '오픈런'을 해서 그 카페에, 그 식당에 가는가? 왜 '피케팅'으로 산 공연을 더 기억하는가? 기획자는 사람들의 마음속에 의미 있는 경험을 심고, 그 경험을 통해 브랜드와의 관계성을 강화하는 데 초점을 맞추어야 한다.

생존을 위한 소비와 취향을 위한 소비는 의사결정 구조가 판이

하다. 생존의 영역에서는 합리적 가격이 구매 결정을 좌우하지만, 취향의 영역에서는 가격 저항력이 극도로 낮아진다. 이때 '상품'이 주인공이 되면 가격이 아니라 감수성의 저항에 부딪힌다. 브랜드 메시지가 분명한 공간에서 상품의 가치를 간접적으로 보여 주기만 해도 소비자는 상품의 진가에 공감하며 자발적으로 대가를 지불한다. 제품 구매를 강요하거나 무료로 주는 것은 브랜드와의 관계를 악화하는 구시대적 상행위다.

소비자의 구매 결정은 명확한 찰나의 신scene에서 발생한다. 쉽게 잊히지 않는 영화의 한 컷이나 결정적 순간이 응축된 한 장의 사진처럼, 감수성이 동하는 명확한 장면을 체감할 때 소비자는 구매를 확신한다. 지금 시대의 오프라인은 이 장면을 만들어야 한다. 그래야 취향이 고급화된 소비자와 관계 맺을 수 있다. 이 장면을 만들지 못하면 소비자는 이성의 세계에 머물며 합리적인 의사결정을 고수한다.

CHAPTER

4

일상 탈출의 기쁨을 느끼는 장소

ADVENTURE

유희하는 인간의 본성

　　요즘은 상권이 살아 있는 곳이면 팝업이 들어선다. 연남동, 익선동, 세로수길 등 핫플레이스라 불리는 지역에 규모가 크고 작은 팝업이 끊이지 않는다. 성수동 연무장길에는 월평균 100개 이상의 팝업이 열린다. 2022년 4월에 '가나 초콜릿 하우스' 시즌 1 팝업을 시작할 때만 해도 대형 팝업이 한 분기에 기껏해야 4, 5개 열렸던 것에 비하면, 불과 2년 사이의 놀라운 성장세다. 팝업이 활성화되며 유동 인구가 많아지고, 그 결과 성수의 지역적 위상이 달라지며 일평균 팝업 대관료도 2019년 대비 두세 배 이상 상승했다. 팝업 시장이 과열된 거 아니냐는 목소리가 여기저기서 들리는 것도 무리는 아니다.

　　그런데 생각해 보자. 스트레스는 근본적으로 하기 싫은 일을 해야 할 때 수반되는 긴장 상태지, 하고 싶거나 재밌는 일을 할 때 따라오는 부정적 부산물이 아니다. 크리스마스트리 아래 선물이 너무 많다고 불평하는 사람은 없으니까. 팝업이 아무리 성행해도 한 거리에 들어선 카페보다 숫자가 많지 않다. 팝업이 많이 열리는 현상이 문제가 아니라, 왜 하는지 이해되지 않는 팝업이 너무 많다는 게 과열된 팝업 시장의 핵심이다. 우리는 즐거운 선택지 앞에서 설렘을 느끼지 피로를 느끼지 않는다. 먹을 곳이 없다고 불평하는 사람은 흔해도, 맛집이 많다고 투덜대는 사람은 드물지 않나.

팝업은 소비자에게 즐거움을 전달하는 장소다. 소비자의 기쁨을 목적으로 하지 않는 생산자 중심의 팝업이 성행 중이기 때문에, 팝업 시장이 과잉됐다는 우려의 목소리가 들리는 것이다. 우리는 변화 없는 일상이 반복될 때 생기를 잃는다. 건강한 인간의 자기보존 욕구는 쾌의 영역을 활성화할 기폭제를 찾는다. 사람들이 즐겨 찾는 오프라인은 즐거움과 재미의 요소를 거느리고 있다.

즐거움은 능동적으로 찾으려 할 때 획득할 확률이 높은 감정이다. 우리는 소소한 즐거움을 얻기 위해 모험에 나선다. 학교나 직장에 묶여 생활의 동선이 길지 않은 현대인의 모험은 거창하거나 위대하지 않다. 대도시의 허클베리 핀은 생활과 맞닿아 있는 실용적인 장소에서 활동한다. 잠시 한숨 돌릴 틈이 생기거나 퇴근 후에 딱히 살 물건이 없어도 편의점, 마트, 드럭스토어에 들러 긴장을 내려놓고 '득템'의 즐거움을 추구하는 식이다. 새로운 발견이 가능하고 진입 문턱이 낮은 장소는 일탈, 해방의 창구가 된다.

무언가를 발견하며 즐거움을 찾는 일은 인간의 본성에 가깝다. 괴짜 물리학자 리처드 파인먼은 《발견하는 즐거움》에서 "필사적으로 수수께끼에 매달려 밤새워 답을 찾고, 또 다음 단계의 답을 찾기 위해 더없이 가파른 절벽을 기어오르는 이유는 짜릿한 발견의 순간, 발견하는 즐거움 때문"이라고 말한다. 발견은 규격화된 일상의 숨통을 틔우는 소소한 유희이자 놀이다.

성수동 연무장길에서 연 '가나 초콜릿 하우스' 시즌 1 팝업.

가나 초콜릿 하우스에서 판매한 음료와 디저트, 각종 굿즈들.

일상 속
즐거운 경험을 위한 장소

편의점은 가장 일상적인 생활의 필요를 해결하는 공간이다. 목이 마를 때나 간단히 끼니를 해결할 때나 구급약, 칫솔이 급하게 필요할 때 자연스럽게 편의점을 찾는다. 그런데 편의점이라는 기능적 공간을 비기능적으로 사용하는 빈도가 늘고 있다. 물건을 구매하기까지 길어도 1분이면 충분하지만, 대부분 필요 시간 이상 편의점에 머무른다. 진열된 상품을 구경하며 소소한 발견의 기쁨을 느낄 수 있기 때문이다.

편의점은 현대인의 놀이터이자 탐험의 장소다. 탐험의 장소는 그 안에 제안된 콘텐츠에 따라 질적 가치가 달라진다. 특화된 강점이 분명한 장소는 방문의 목적지가 되어 사람들이 알아서 찾아온다. CU의 라면 특화 편의점인 '라면 라이브러리RAMYUN Library'는 시중에 유통되는 100여 종의 봉지 라면과 120여 종의 컵라면을 합해 총 220여 종의 라면을 판매한다. 라면을 직접 끓여 먹을 수 있는 공간이 널찍하게 마련되어 있고, 라면과 곁들일 수 있는 김치, 김밥 등을 구비했다. 라면 라이브러리는 일반 편의점과 대비하면 라면 매출이 열 배 이상 높다. 또한 전체 라면 매출에서 외국인의 비율이 내국인을 약 세 배 앞섰는데, 먹고만 가는 게 아니라 기념품으로

| 1 | 2 |
| 3 | 4 |

1, 2 '취향을 설계하는 서점'을 모토로 운영 중인 쓰타야의 도쿄 후타코타마가와점 일렉트릭스 매장.

3, 4 라면 라이브러리보다 먼저 선보였던 더현대 서울의 '88라면스테이지' 팝업.

라면을 추가 구매한 덕분이다. 라면은 어디에서나 살 수 있지만, 라면 라이브러리에서만 경험하고 발견할 수 있는 즐거움과 특화된 소매점으로서의 가치를 인정받으며 사람들을 불러 모으고 있다.

렌트가 만든 '바스켓'은 고객 경험에 특화된 라이프 그로서리 스토어다. 단순히 물건을 사고파는 매장이 아니라 사람들이 머물러 휴식하고, 함께 만나고, 취향을 개발하는 데 목적을 둔 '비공식적 공공성'을 지닌 새로운 공간으로 기획했다. 삶을 채우는 일상의 모습은 다양하다. 혼자 휴식하거나 집중해서 일하는 시간도 중요하지만, 사람들과 어울리며 사회적 유대를 맺는 시간도 필요하다. 혼자서 취향을 만들어 나가는 내밀한 시간도 중요하지만, 서로 다른 사람들이 만나 취향을 공유하고 개발하는 진취적 시간도 필요하다. 사람들과 만나 의미 있고 진중한 얘기를 나누는 시간도 중요하지만, 시답잖은 얘기를 주고받고 낄낄대며 일상의 먼지를 털어 내는 킬링 타임도 필요하다. 바스켓은 따로 또 같이 가야 건강한 균형감을 찾는 일상의 다양한 모습을 담는 데 최적화되어 있다.

사실 바스켓은 기성의 오프라인의 관점에서 보자면 레퍼런스를 찾을 수 없기에 장소적 정체성이 쉽게 파악되지 않는 낯선 공간이다. 카페, 스낵 바, 편의점, 제품 체험관, 복합문화공간, 로컬의 커뮤니티 기능을 모두 소화하는 새로운 장소기 때문이다. 알베르 카뮈에 따르면 "시간상 최초의 것은 가장 탁월하고", 하워드 가드너의 말마따나 창의성의 강도가 높을수록 사람들의 공감을 살 수 없다. 쓰타야 서점을 만든 마스다 무네아키는 "기획은 새로우면 새로울수록 사람들이 이해하지 못한다. 쓰타야 서점도 모두가 잘되지 않을 거라고 반대했다"라고 회상한다.

바스켓은 콘텐츠 운용에 따라 가장 빠르게 변화할 수 있는 공간이다. 변화의 목적은 다양한 일상의 모습을 가장 편리하게 담아내는 데 있다. 큐레이션 된 콘텐츠를 영상으로 소개하고, 주방 설비를 제외하고 모든 조립식 기물에 바퀴를 달아 공간 활용을 유연하게 만들었다.

삼성스토어에 입점한 만큼 삼성의 신상 생활 가전제품을 충분히 사용할 수 있도록 세부 공간을 구성했다. HMR(가정간편식) 바를 이용해 간단한 음식을 직접 조리해 먹거나, 셀프 드립 바에서 스페셜티 커피도 직접 내려 마실 수 있으며, 취향에 따라 와인을 골라 마실 수 있다. 일상에서 찾을 수 있는 즐거운 발견, 멋진 경험을 위해 만들어진 바스켓은 상품이 아니라 사람들이 찾아와 공간의 콘텐츠를 사용할 때 완성되는 공간이다.

공간의 모든 것은 관계성을 기반으로 구성된다. 공간을 만드는 일의 본질은 공간에 대한 인식을 설계하는 것이다. 문밖에서 공간을 바라보는 사람에게 어떤 기대를 하게 할 것인가? 입구에서 공간을 둘러보는 순간, 어떤 놀라움을 줄 수 있을까? 공간에 머무르며 창밖을 바라보는 사람에게 어떤 안정감을 줄 수 있을까? USP_Unique Selling Proposition, 즉 차별화 전략에 따라 공간의 모든 요소는 유기적

라이프 그로서리 스토어 '바스켓'은 카페, 스낵 바, 편의점, 제품 체험관, 복합문화공간, 로컬 커뮤니티 기능을 모두 소화하는 공간이다.

으로 연결된다. 동선을 채우는 한 요소가 변하면 공간 전체가 변한다. 전체는 부분의 합 그 이상이다.

프로젝트 렌트와 삼성이 협업해 바스켓을 만든 이유는 '공간을 활성화하기' 위해서다. 삼성스토어는 전자제품만을 파는 공간이다. 그런데 우리가 전자제품을 살 일이 일 년에 몇 번이나 있을까? 쓰던 물건이 고장 나거나 결혼, 이사 등의 특별한 일이 있을 때 주로 전자제품을 교체하거나 구매한다. 그런데 그런 일이 흔한가? 사람도 자주 봐야 친해지고 안 보면 멀어진다. 더욱이 오프라인은 사람이 찾아와야 매출이 발생한다. 전자제품을 사지 않아도 사람들이 삼성스토어에 방문할 이유가 필요했다.

편의점은 삼성전자의 가전제품을 체험하기 가장 좋은 공간이다. 일반적인 전자제품 매장은 제품을 전시할 뿐, 고객이 실제로 제품을 써 보고 구매할 기회를 주지 않는다. 제품을 사용해 보는 환경을 제공하고, 사용 경험을 통해 구매를 결정할 수 있는 공간은 소비자 관점에서 매우 유의미하다. 바스켓에서 라면을 직접 끓여 먹으며 인덕션이 없는 자취생이 구매를 고민하고, 가정주부가 HMR 바에 있는 정수기를 써 보고 자기 집 주방에 사용하는 장면을 그린다면, 이것이야말로 진정한 소비자 체험형 마케팅이 아닐까? 제품이 일상에 녹아들어 명확한 한 장면을 완성할 거라는 확신이 설 때, 소비자는 그 제품을 구매한다.

바스켓에서는 간단한 음식을 직접 조리해 먹거나 스페셜티 커피를 직접 내려 마실 수 있다.

경기도 부천시 중동에 위치한 바스켓의 외관.

개미지옥형 공간의
기쁨

　　　　　　　　'더현대 서울'은 백화점 위기 시대에
'리테일 테라피' 콘셉트로 현대백화점의 구태의연한 이미지를 쇄
신하고, 새로운 메가 스토어의 이미지를 각인시키는 데 성공했다.
지하 2층 크리에이티브 그라운드에 팝업 공간을 특화해 모든 기업
의 최대 관심 타깃인 MZ라는 젊은 소비자층을 포섭했는데, 개점
후 2년간 300여 개의 팝업을 열어 연 200만 명을 유입했다. 더현대
서울은 팝업을 '더현대 서울의 엔진'이라 말한다. 새로운 트렌드
발신지의 역할을 하며 낙수 효과를 창출해 팝업 공간 주변의 브랜
드는 매출이 두 배 이상 증가했다고 한다.

　　오프라인이 가진 최우선의 가치는 방문자가 즐거움을 느끼는
데 있다. 같은 맥락에서 팝업은 고도로 체험적인 소매 환경을 제공
해야 한다. 흥미로운 콘텐츠를 지루할 틈 없이 입체적으로 펼쳐 보
여 주는 것이 중요하다. 별일 없이 하루를 살아가는 우리는 반복
되는 일상의 지루함과 싸우고 있다. 뻔한 공간이 주는 클리셰 너머
예상 밖의 놀라운 공간을 발견했을 때, 소비자는 개미지옥에 빠져
들 듯 그 공간에 몰두한다. 그런 맥락에서 오프라인이 지향해야 할
미덕 중 하나가 예측 불가능성이 아닐까 한다.

렌트가 롯데월드와 협업한 팝업 '로티스 아파트먼트'는 130여 종의 방대한 굿즈로 발견의 즐거움을 극대화하는 데 집중했다. 롯데월드의 대표 캐릭터인 로티가 직장인으로 성장해 혼자 사는 집을 공간의 테마로 잡았다. 현실의 20, 30대와 크게 다르지 않은 로티의 일상을 동년배들이 찾고 즐겨 사용하는 상품들로 상징해 문화적 연결성을 강화했다. 컵, 병맥주 바스켓, 라면 용기, 시리얼 볼 등의 식기류, 엽서, 노트, 스탬프, 마스킹 테이프 등의 문구류, 휴대폰, 에어팟, 아이패드를 비롯한 각종 디바이스 케이스, 커피와 그래놀라 등 가벼운 식료품도 로티만의 패키지로 재해석했다.

로티스 아파트먼트에서는 공간이 중요했을까? 굿즈가 중요했을까? 브랜드 전략과 브랜드 경험은 설계하기 나름이다. 오프라인의 목적이 단지 판매가 아니라면, 그 공간에서 파는 상품조차도 브랜드 커뮤니케이션의 수단이 된다. 과연 어디까지가 공간이고, 어디까지가 MD인가? 또한 로티스 아파트먼트의 굿즈는 상품인가, MD인가? 그 경계를 구분할 명확한 기준점이 존재하는가?

공간 디자인도 마찬가지다. 과연 로티스 아파트먼트는 디자인된 공간일까? 전통적인 인테리어 관점에서 로티스 아파트먼트는 인테리어 디자인이 아니라 MD의 진열에 가까운 공간이다. 비싼 몸값을 자랑하는 인테리어 디자이너가 만든 공간보다 감각 있는 친구가 만든 작업실이 아름다운 경우도 적지 않다. 공간은 큐레이션의 영역이지 시공의 영역이 아니다. 로티스 아파트먼트에는 MZ

렌트가 롯데월드와 협업한 '로티스 아파트먼트' 팝업.

세대의 방에 있을 법한 가성비 충족형 가구, 소품 등 캐릭터의 라이프스타일을 대변하는 굿즈가 구석구석 잔뜩 쌓여 있었다. 그것만으로도 소비자와 커뮤니케이션할 근거는 충분했다.

오프라인의 콘셉트는 명징할수록 밀도가 생긴다. 밀도 있는 공간이 전달하는 이야기에 소비자는 설득된다. 예컨대 같은 마트여도 콘셉트에 따라 전혀 다른 결과물이 만들어지는데, 고급스럽거나 캐주얼하거나 클래식하거나 실용적인 공간 분위기에 따라 주 소비자층, 상품의 구성, 가격 등이 다르게 책정된다. 단일한 목적성을 가진 공간을 만들어야 소비자가 반응한다는 것을 전제할 때, 산업화 시대의 어설픈 타기팅은 생산적이기보다는 소모적이다. 모두가 좋아할 만한 무난한 제품은 없다. 그런데도 다수의 마케터가 안전함을 좇느라 산만해진 방향성을 고수한다. 고급스러우면서도 캐주얼하고, 클래식하면서도 실용적인 공간을 만들려고 하는 것이다.

명확한 타기팅은 뼈와 살을 깎는 노력을 요구한다. 문제를 정의하지 않고 해결할 수 없는 영역이기 때문이다. 문제를 피하지 말고 부딪혀 돌파해야 가치 있는 해결점이 보인다. 알베르트 아인슈타인은 말했다. "세상을 구할 수 있는 한 시간이 주어진다면, 그중 55분은 문제를 정의하는 데 사용하겠다."

로티스 아파트먼트는 MZ 세대의 방에 있을 법한 가구, 소품 등 굿즈로 구석구석을 가득 채웠다.

한정

소비 기한이 짧아 가능한 도전들

LIMIT

'단기'라는 시간성의 이점

통창의 개방감이 일품인 로컬의 한 카페는 가을이면 사람들로 북적인다. 짙푸른 녹음이 가을밤 서리의 무게를 견디지 못하고 황금빛 외투를 걸칠 때, 사람들은 통창 밖에 펼쳐진 그 한 장면을 보기 위해 도심을 떠난다. 카페가 기대고 있는 가을 풍경의 생기는 짧다. 초봄에 와글와글 만개한 벚꽃이나 한여름의 열기를 품고 만발한 장미, 시끄러운 세상을 가만히 에워싸는 겨울의 눈꽃도 한 시절에만 볼 수 있어 귀하고 아름답다. 단기라는 시간적 제약은 그 계절만의 충만감과 완결성을 고무한다.

모든 제약은 한정이다. 한정은 영역의 구분이다. 구분된 영역, 즉 세그먼트segment는 효율을 증대하는 바탕이다. 그러므로 단기라는 시간성은 역설적으로 시공간의 효율을 극대화하는 조건이다. 오직 그때만 할 수 있는 이야기에 집중할 때 말의 설득력은 배가된다. 여름 시즌에만, 크리스마스 시즌에만, 밸런타인데이 시즌에만 할 수 있는 활력 있는 이야기에 집중할 때 소비자의 눈과 귀가 열린다. 브랜드 인게이지먼트의 물꼬가 트인다.

일상적 공간에는 지나간 시간이 기록된다. 시간에 실린 감정의 잔재도 사은품처럼 얹혀 있다. 당신이 사는 집에는 기쁨과 슬픔과

불안과 분노와 희망이 새겨져 있다. 공간에 입혀진 기억을 벗겨 내고 싶어도 당신은 그럴 능력이 없다. 그건 공간의 자산이다. 고정된 브랜드 공간에도 시간이 축적된다. 축적된 시간은 이미지를 만든다. 특정 공간에 특정한 이미지가 새겨진다. 그 이미지는 브랜드 아이덴티티나 헤리티지로 연동되기도 하고, 한편으로 브랜드를 박제화하는 신빙성 높은 자료가 되기도 한다. 축적된 이미지의 총합은 해석자의 관점에 따라 다르게 읽히지만, 그 해석은 한 공간에 특정한 심상이 새겨져 있기에 가능한 일이다.

브랜드 이미지를 쇄신하고, 그 시즌에만 선보일 수 있는 콘텐츠의 독자성을 부각하고, 특별한 이야기를 전달하는 데 기존 공간은 설득상의 한계가 있다. 완전히 새로운 환경에서 소비자에게 대화를 걸 수 있는 공간, 즉 팝업이 주목받는 것도 이런 측면 때문이다. 팝업은 때로는 먼 미래를 내다보지 않아도 된다. 오직 지금 할 수 있는 이야기를 소비자에게 전달하며, 호감 어린 관계의 서막을 여는 것이 팝업이다.

오프라인 대부분에 '판매'의 기능이 주홍 글씨처럼 새겨져 있다. 이를 탈바꿈해 소비자와의 커뮤니케이션을 지향하는 것이 지금 오프라인의 본질이다. 예컨대 한섬이 만든 의류 편집숍 EQL 성수는 매장의 30퍼센트 이상을 커뮤니케이션형 MD에 할애해 분기별로 콘텐츠를 순환시킨다. 단지 옷을 파는 기능적 공간이 아니라 브랜드 메시지를 전달하는 커뮤니케이션 공간 구성에 주력한 것이다.

EQL 성수

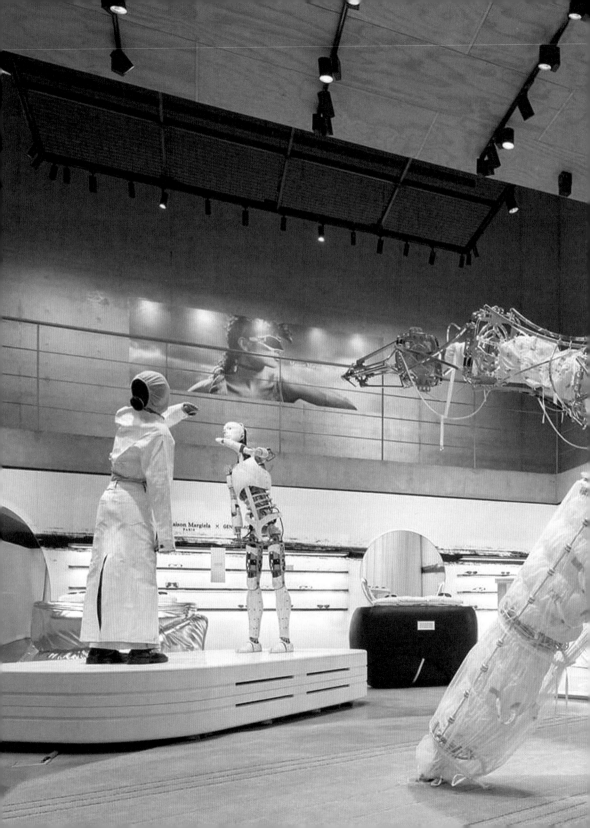

젠틀몬스터가 메종 마르지엘라와 협업해 하우스 도산점에 연 팝업. © Gentle Monster

MZ의 관심이 꺼지지 않는 젠틀몬스터는 한발 더 나아간다. 젠틀몬스터 플래그십 스토어나 하우스 도산은 매장 내 판매 기능을 극단적으로 제거하며, 기존의 상업 공간과 분명히 차별되는 그들만의 세계로 대중을 끌어들인다. 패션 브랜드가 선도하고 제안해야 할 시즌별 스토리를 다양한 글로벌 브랜드, 아티스트와의 협업을 통해 전달하는데 프랑스 럭셔리 브랜드 메종 마르지엘라Maison Margiela, 프랑스 패션 액세서리 브랜드 데이제르D'heygere, 블랙핑크 제니, 중국의 아티스트 차이쉬쿤CAI XU KUN 등과의 컬래버레이션으로 주목받은 바 있다. 또한 미디어 아트와 설치 미술을 도입해 해당 시즌의 MD를 전시 형식으로 노출한다. 디자이너 브랜드 스탠드 오일STAND OIL의 성수 플래그십 스토어 역시 두 달 단위로 MD를 전면 교체해 콘텐츠를 순환시킨다.

한국 관광객들이 즐겨 찾는 일본의 한큐 한신은 에이치투오 리테일링 소속의 백화점 브랜드다. 한큐 한신 우메다 본점은 2012년에 대대적인 리모델링을 거친 후 '극장형 백화점'이라는 아이덴티티를 선언했다. 당시로서는 매우 과감하고 혁신적인 시도였다. 전체 면적의 20퍼센트를 서비스 공간으로 만들어 판매 기능을 제거했고, 이 공간에 단기 이벤트를 끊임없이 열어 사람들이 구경하고 축제처럼 즐길 수 있는 공간으로 만들었다.

상식을 뒤흔드는
장소의 마력

　　　　　　　　　　혼히 흑진주를 백진주보다 귀한 보석으로 여긴다. 희소하기 때문이다. 그러나 흑진주의 희소성은 자연적인 것이 아니다. 자연에서 생산되는 흑진주는 흔했다. 인간은 손에 쥐기 어려울 때 소유욕이 동한다. 소비자의 욕구를 자극하는 것은 시장 가격이다. 지출 의지가 가격을 만든다는 생각은 어떻게 보면 순진하다. 부자 동네에 사는 노회한 마케터는 시장 가격의 본질을 간파했고, 흔한 흑진주를 희소한 보석으로 만들었다. 해리 윈스턴Harry Winston은 백진주 더미에 흑진주 하나를 올려 두고 터무니없는 가격을 책정했다. 백진주보다 수십 배 비싼 가격에 놀란 사람들이 웅성거렸다. 그 소란을 가로질러 유한계급이라 불리던 최고의 부유층이 보란 듯이 흑진주를 사들였다. 흑진주는 베니티 페어의 심벌이 되어 보석 반열에 올랐다.

　　인간은 희소한 것에 매력을 느낀다. 한시성이라는 팝업의 근본 조건은 희소한 것에 반응하는 소비자의 주의를 집중시킨다. 이때 아니면 살 수 없다는, 바로 지금이 아니면 경험할 수 없다는 시공간의 제약이 긍정적인 의사결정의 트리거를 자극한다. 인간의 소비는 결코 합리적인 영역에서 이루어지지 않는다. 욕망은 이성의

탬버린즈가 연 팝업형 전시 'solace: 한 줌의 위안'. © Alver Space

영역이 아니다.

브랜드가 소비자와 소통하기 위해서는 공간이 필요하다. 코스메틱 브랜드 탬버린즈TAMBURINS는 금호동의 복합문화공간 알베르에서 'solace: 한 줌의 위안'이라는 전시형 팝업을 열었다. 거대한 거인 조형물을 공간에 꽉 차게 밀어 넣어 보는 이로 하여금 스케일에서 오는 당혹감을 느끼게 했고, 공간이 주는 메시지를 사색해야만 할 것 같은 분위기를 조성했다. 실오라기 하나 걸치지 않은 웅크린 남성의 형상에 압도된 한 소비자가 "거인만큼 웅장한 탬버린즈의 세계관에서 한없이 웅크릴 수밖에 없는 관람객"이라는 리뷰를 남기기도 했다. 이 팝업은 특별한 경험 자체가 방문의 새로운 목적이 된 사례이기도 하다.

팝업은 변화무쌍한 콘텐츠로 사람들에게 좋은 기분과 놀라움을 선물하는 장소다. 기발하고 재기 넘치는 팝업이 경쟁하듯 들어선 거리에 문화 수용성이 높고, 정보 발신력이 크며, 관계 확장의 의욕이 넘치는 청년층이 끊이지 않는 것은 어찌 보면 당연하다. 공간을 활용할 수 있는 시간이 짧다는 것은 핸디캡이 될 수 있지만, 팝업이라 할 수 있는 공격적인 설계의 프레임도 분명 존재한다. 팝업은 시험장 성격이 강한 소통 매체다. 단기라서 용인되는 측면에 집중하면 의외로 재미있고 생기 넘치는 실험의 개척자가 될 수 있다. 프로젝트 렌트는 시공간의 유통 기한이 짧아 시도할 수 있는 흥미로운 도전을 즐긴다. 상식적으로 경험하기 힘든 상황을 연출해 방문자에게 극적 경험, 즉 놀라움 안겨 주는 일은 무엇을 상상하든 그 곱절 이상 어렵지만, 그만큼 짜릿하고 성취감이 크다.

한국 최초의 비건 스킨케어 브랜드 멜릭서melixir 팝업을 백화점에서 열었다. 비건 브랜드의 아이덴티티를 공간에서 어떻게 구현할지 고민하다, 누가 봐도 친환경인 매장을 만들었다. 100퍼센트 과자로 만든 동화 속의 집처럼 100센트 재활용 가능한 종이로 만든 팝업 공간이었다. 종이로 만든 매장은 백화점 최초였는데, 1년 이상 기초 인테리어를 유지해야 하는 일반 매장에서는 불가능한 시도였다. 동물 실험에 반대하는 내추럴 코스메틱 브랜드 이브로쉐 Yves Rocher 팝업도 맥락은 같았다. 브랜드의 보태니컬 아이덴티티를 살리기 위해 흙과 생화를 깔아 상당한 규모의 정원을 조성했다. 조화가 아니라 실제 자연물로 이루어진 실내 정원은(조화로 만든 정원은 생화로 만든 정원보다 비용이 더 든다) 파르나스몰이라는 대형 쇼핑몰의 지하층에서 만나기 힘든 광경이었다. '시크릿 가든' 콘셉트의 나뚜루 팝업도 자연물을 활용해 신비하고 이색적인 공간을 연출했다. 도심 속 신비로운 비밀 정원을 형상화하기 위해 생화와 생목으로 신비로운 숲의 분위기를 조성하고, 연무기를 활용해 애니메이션에서 경험할 수 있는 이세계異世界 정취를 완성했다. 세 팝업은 모두 '실내에서 만나기 어려운 생경한 경험'에 초점을 둔 기획물이었다.

멜릭서 팝업은 백화점 입점 매장 최초로 종이로 만든 공간이었다.

이브로쉐 팝업은 생화와 실제 자연물로 실내 정원을 꾸며 브랜드 아이덴티티를 드러냈다.

노매드_{nomad} 아이덴티티

팝업은 한정된 시공간이라는 태생적 제약 덕분에 공간의 지속 가능성을 고민하지 않아도 된다. 커뮤니케이션에 특화된 장소라서 영업 실적을 비롯해 가시적인 수익 성과에서도 일정 부분 빗겨 나 있다. 흡사 가장이 짊어진 생활의 무게에서 자유로운 게 팝업이다. 커뮤니케이션을 위한 공간인 팝업은 철없을 정도로 독창적이거나 환상적이거나 실험적이어도 괜찮다. 보통의 마케팅에서는 꿈도 꾸지 않을 비상식적 스케일에 도전해도 소비자가 기꺼이 받아들인다. 오히려 그 도전이 용기 있을 수록 새로운 커뮤니케이션의 방식으로 받아들여져 소비자의 인식을 전환하는 계기가 된다. 소비자의 인식 전환은 양적 논리로 접근하면 잡을 수 없는 브랜드 인게이지먼트의 영역이다. 그 가치는 핵심성과지표_{KPI}로 측정될 수 없다.

이제는 뭘 사도 온라인이 더 싸고, 선택의 폭이 넓고, 무엇보다 편리하다. 편리함에 길들면 불편함을 못 참는 게 인간인지라 오프라인의 판매 기능은 빠르게 퇴색하고 있다. 판매를 위한 공간이 넘치도록 충분하나, 세일즈형 공간이 무의미해진 시대에 오프라인이 살아남고, 소비자에게 존중받으려면 어떤 목적성을 지향해야 할까? 답은 명확하다. 특별한 경험과 커뮤니케이션이다. 아직도 오프라인을 세일즈를 위한 기능적 공간이라 오인하는 시대착오적 마인드에서 소비자와의 단절이 시작된다.

브랜드 커뮤니케이션형 오프라인이나 팝업은 특정 지역에 얽매이지 않는다. 소위 말하는 목 좋은 자리나 인기 지역에 연연하지 않아도 된다. 브랜드만의 팝업 메시지에 어울리는 지역 선정이 중요하다. 외부 잡음에 흔들리지 않고 소신 있게 자기 길을 가는 사람이 역사에 족적을 남기듯, 팝업은 자기 목적에 따라 독자적인 길을 가야 주목받는다. 되레 관성에 물들지 않은 새로운 콘텐츠를 가진 플레이어들이 부동산 가치를 끌어올리는 세상이라, 건물주가 우량 임차인을 지원tenant improvement하는 전통적 '갑을'의 역전 현상이 자주 일어나고 있다.

오프라인 입지를 선정할 때 1순위로 고려할 것은 브랜드가 소비자에게 전달하고자 하는 메시지와 목적성이다. 브랜드의 고유한 아이덴티티와 브랜드 커뮤니케이션의 목적에 따라 공간의 적합성이 달라지기에 어떤 의도로 오프라인을 설계할지가 고민의 상층부에 있어야 한다. 예를 들어 지속 가능한 미래를 고민하는 아웃도어 브랜드 파타고니아가 팝업을 기획한다고 하자. 빌딩 숲 한복판 유동 인구가 많은 거리에서 팝업을 여는 것이 과연 파타고니아다운 선택일까? 사람보다 자연의 동물 친구들이 많은 한라산 중턱이나 서퍼들이 즐겨 찾는 바닷가 마을에 팝업을 여는 것이 더 그들다운 선택일까? 선택은 브랜드다움에 기반을 두어야 한다. 그 브랜드다

텍사스의 사막 한가운데에 있는 프라다 마파는 무엇도 팔지 않는 매장이다. ⓒ PRADA

운 진중한 선택이 쌓이는 과정에서 소비자와의 유대가 강화되고, 애착과 신뢰에 기반을 둔 팬덤이 형성된다.

　도심 노른자 땅에서나 볼 수 있는 명품 브랜드가 사막 한가운데 등장해 화제가 된 적이 있다. 프라다의 브랜드 커뮤니케이션 공간 프라다 마파Prada Marfa는 얼핏 보면 상설 매장 같지만, 무엇도 팔지 않는다. 출입문이 군건히 닫힌 이 공간은 텍사스 90번 국도에 불시착한 외계 행성처럼 덩그러니 앉아 있는데, 스칸디나비아의 예술가 엘름그린과 드라그셋Elmgreen & Dragset이 설계하고, 건축가 로널드 라엘Ronald Rael과 버지니아 산 프라텔로Virginia San Fratello가 지은 작품이다. 자본주의 최극단의 소비문화를 상징하는 명품 브랜드와 이에 상반되는 황량하고 쓸쓸한 지역의 분위기가 대비를 이루어 기묘한 매력을 가진 풍경을 만들었다. 이 한 장면을 보기 위해 허허벌판으로 찾아오는 사람들이 줄을 이어 관광 명소가 되었다. 프라다 마파를 타임스퀘어 한복판에 설치했다면, 과연 20년 가까운 세월 동안 관광지가 될 수 있었을까.

CHAPTER

6

대화

밀도 있는 이야기로 말을 건네다

CONVERSATION

동사적 세계관으로
관계 맺기

             팝업의 적정 기간은 없다. 소통할 콘텐츠와 현실적 운영 여건이 충분하다면 운영 기간은 몇 주, 몇 달이어도 상관없다. 디올 성수는 애초에 팝업으로 설계된 공간이었다. 공간을 채울 이야기가 무한하고, 아름다운 외관과 인테리어로 내국인뿐 아니라 외국 관광객의 발길도 끊이지 않는 방문의 목적지가 되자 몇 해째 같은 자리를 지키고 있다. 원래 계획대로면 수개월 내 허물어질 공간이었다.

    그럼에도 불구하고 팝업 운영 기간을 고민하는 클라이언트에게 평균 2~4주의 기간을 권한다. 대기업이 아닌 작은 브랜드 관계자들에게는 특히 2주를 권한다. 2주 이상 팝업을 열면 작은 브랜드는 실질적 운영이 어렵다. 대부분 본업과 더불어 커뮤니케이션 이벤트 차원에서 팝업을 병행하는데, 2주가 넘으면 몸과 마음에 피로가 가중되어 본업과 팝업 모두에 악영향을 끼친다. 커뮤니케이션 효과를 고려할 때, 의미 있는 이야기를 밀도 높고 지루하지 않게 전달할 수 있는 효율적인 기간은 보름 정도다. 물론 팝업 콘텐츠가 바뀌지 않는 것을 전제할 때다.

    운영 기한이 너무 짧아도 아쉽다. 2주 미만으로 팝업을 운영하

디올 성수는 수개월짜리 팝업으로 설계된 공간이었으나, 몇 해째 같은 자리를 지키고 있다. ⓒ Christian Dior

면 고객의 재방문을 유도하기 어렵다. 만난 횟수가 관계의 깊이를 대변하는 척도는 아니지만, 운명적 만남이 아니고서야 한 번 만나는 것보다 두 번 만나야 상대를 더 알 수 있다. 더욱이 소비자와 브랜드 관계에서 소비자가 같은 공간을 재방문한다는 것은 인게이지먼트 차원에서 시사하는 바가 크다.

2~4주를 권하는 가장 큰 이유는 지역성의 한계 때문이다. 팝업은 크게 화제가 되지 않는 이상 지역민이나 생활권 인구 중심으로 방문이 이루어진다. 동일한 콘텐츠로 지역민의 재방문을 유도할 수 있으나, 그 이상의 N차 방문을 기대하기 어렵다. 지역민 외 타 지역민의 유입이 없으면 방문자 수가 적어지고, 공간은 힘을 잃고 만다. 오프라인이 전통적 마케팅 채널을 넘어서는 강력한 광고판 역할을 하며, 콘텐츠의 저력이 살아 있는 거리가 미디어로 기능하고 있다. 생명력 넘치는 역동적인 거리는 콘텐츠의 순환에서 힘을 받고, 사람들이 찾지 않는 거리는 금세 낙후한다.

브랜드는 무기체가 아닌 유기체라 생각한다. 브랜드를 커머더티나 오브젝트가 아닌 생명life이나 인격적 주체로 이해해야 쉽게 휘발되지 않는 브랜드를 만들 수 있다. 제조업 세계관에서는 브랜드의 인격성이 들어설 여지가 없다. 브랜드를 기능적 대상이나 물질의 기계적 생산자로 받아들이는 순간, 진화와 생장의 근거가 말소된다. 고정된 명사적 세계관으로는 시대와 함께 진화하는 브랜드의 역동성을 설명하기 어렵다. 또한 소비자와의 상호 작용이 왜

'스튜디오 아이' 팝업에서는 의도적으로 '현대자동차'라는 브랜드를 삭제했다.

중요한지를 설명할 수도, 콘텍스트에 따라 재정의되는 브랜드의 관계적 양상을 담아낼 수 없다.

　인격체와 마찬가지로 브랜드의 본질은 명사가 아니라 동사로 설명된다. 브랜드다움은 자기 존재를 유지하기 위해 끊임없이 투쟁하는 힘이자 의지인 코나투스conatus에 가깝다. 외부 세계와 호흡하며 브랜드 아이덴티티를 만들어 나가는 과정에서, 즉 개별적 선택과 활동의 연속선상에서 브랜드다움이 끊임없이 생성된다.

　현대자동차와 프로젝트 렌트가 기획한 팝업 '스튜디오 아이 STUDIO I'는 내연 기관 자동차의 국내 대표 주자인 현대자동차의 브

'지속 가능한 삶'이라는 팝업 메시지를 전달하기 위해 70여 가지에 달하는 업사이클링 굿즈를 판매했으며, 고객이 직접 친환경 제품을 만들어 보는 워크숍을 진행했다.

랜드 이미지를 환기하고, 전동화 전략의 핵심인 아이오닉5 론칭을 알리는 데 목적이 있었다. 그래서 이 팝업에서 의도적으로 '현대자동차'라는 고유 명사를 삭제했다. 스튜디오 아이는 전기차 아이오닉의 세계관이 궁극적으로 전달하고자 하는 '지속 가능한 삶'이라는 메시지를 전달하는 캠페인에 가까웠다. 친환경 라이프스타일 브랜드와 협업해 70여 가지에 달하는 친환경 굿즈를 만들고, 현대인의 일상에 깊이 뿌리 내린 커피와 팝업 메시지의 상징성을 담은 디저트를 파인 다이닝 수준으로 제공했으며, 고객이 직접 친환경 제품을 만들어 보는 워크숍을 준비했다. 재생지로 만든 노트북 거치대, 일회용 마스크를 분해해 만든 인센스 홀더, 아이오닉5의 시그니처 컬러로 만든 업사이클링 가방을 전시하고 또 판매했다. 세제나 샴푸를 담아 갈 수 있는 리필 스테이션도 운영했다.

4주간 스튜디오 아이를 찾은 방문객은 약 1만 명이었다. 다양한 체험 요소를 통해 친환경 라이프스타일을 우아하게 전수하며 먹고, 마시고, 소비하는 지극히 평범한 일상에서 지속 가능한 가치를 실천할 수 있음을 공간의 모든 구성 요소가 설명했다. 메시지가 스며든 공간은 어떤 프로파간다보다 설득력 있게 브랜드의 최종 메시지를 전달한다.

스튜디오 아이에서는 현대적인 라이프스타일을 표상하는 커피와 팝업 메시지를 담은 디저트를 제공했다.

커뮤니케이션을 위한
스페이스 아이덴티티

우리가 상대에게 말을 거는 이유는 무엇인가? 상황에 따라 다른 이유가 있겠지만, 필요에 따른 만남을 제외하면 궁극적으로 우리가 상대에게 말을 거는 목적은 '관계 맺기' 위해서가 아닐까. 지금 유의미한 오프라인의 본질은 소비자와 새롭게 관계 맺는 장소성에 있다. 장소를 사랑하는 마음(Topophilia)은 어쩌면 인간 본성에 가까울지 모른다. 작업실이나 집에 방문해 보면 그 사람의 취향을 엿볼 수 있듯이, 이제 공간이나 장소도 정체성을 표현하는 매체로 활용되고 있다. 개인의 고유성을 드러내는 대표 수단이었던 패션처럼 말이다. 기꺼이 시간을 투자해 그 공간에 머물고, 애정 어린 공간을 SNS에 소개하며 그 공간의 개성과 특성을 빌어 자신을 브랜딩한다. 기성세대보다 MZ에게 익숙한 스페이스덴티티spacedentity, 즉 공간 정체성이다.

기업이 고객과 인게이지먼트를 형성하려면 '대화'가 전제되어야 한다. 언어를 소통의 수단으로 사용하는 종의 특성상 인간은 본질적으로 이야기를 만들고 퍼트린다. 이때의 이야기는 청자를 전제하지 않은 화자의 일방적 독백이 아니다. 상대방의 응답이 있어야 성립하는 쌍방향 커뮤니케이션이다. 우리는 커뮤니케이션도 과잉인 사회에 산다. 커뮤니케이션은 상대방이 대화에 동참할 만한 매력적인 화두가 있어야 시작될 수 있는데, 넘치는 말에 지친 사람들은 어지간한 이야기는 귀담아듣지 않고 흘려버린다. 소비자는 기업이 말하는 겉만 번지르르한 일반론에 관심이 없다. 설령 그 말이 맞을지라도 믿을 수가 없다(안 듣기 때문이다). 기업은 자아도취적 야망을 과시할 게 아니라 소비자를 납득시키고 그들의 감성을 움직일 만한 유효한 대화거리를 마련해야 한다. 전략과 전술을 동원해 정성스럽게 이야기를 준비해도 소비자가 대화에 동참할지 확신할 수 없다. 그런데도 소비자가 반색할 이야깃거리나 사회문화적 경험치가 상향된 대중이 만족할 소통의 방식을 고민해 본 기업이 얼마나 있을까.

팝업은 D2C 커뮤니케이션 채널이다. 판촉형 마인드가 만연한 탓에 방문자와 10분 이상 대화 나눌 지식이나 의지조차 없는 팝업이 허다하다. 상당수의 기업이 브랜드 메시지를 전달하겠다는 목적 없이, 팝업 방문자 수와 인스타그램 팔로워를 늘리는 데 급급해 경품이나 증정품을 퍼 주기에 바쁘다. 모 브랜드의 팝업이 연무장 길 세 곳에서 한 달간 열렸다. 실외 장식이 독특해 세간의 화제가 되기도 했지만, 예상보다 사람들이 더 몰려들었다. 세 곳의 팝업에 들러 스탬프를 받으면 브랜드 로고가 새겨진 컵을 무료로 받을 수 있었다. 팝업 경품 정보를 공유하는 오픈 채팅방에 컵을 빨리 받을 수 있는 노하우를 체리피커들이 공유했다. 얼마 지나지 않아 당근

마켓에 모 브랜드의 컵이 앞다투어 매물로 올라왔다. 이 팝업을 통해 브랜드는 소비자와 어떤 관계를 구축했을까? 브랜드 인게이지먼트 차원에서 그들은 어떤 실익을 가져갔을까? 브랜드의 위상을 강화하는 데 이 팝업이 어떤 역할을 했을까?

소비자의 공간 경험은 소비를 통해 완성되는 측면이 있다. 렌트가 기획한 모든 팝업에는 소비 경험이 존재하는데, 경험의 완결성을 방해하는 요소는 애초에 제거한다. 방문자가 자발적으로 소비했다는 것은 브랜드 메시지에 동화된 그의 심리 상태를 대변한다. 소비만큼 확실하고 긍정적인 피드백도 드물다. 또한 소비자 경험을 확인하는 정량적 데이터로서의 가치도 크다. "마케팅은 본능이나 일시적인 감정에 토대를 둔 신비스러운 예술이 아니다. 그것은 리서치와 정보를 기반에 둔 과학이다." 코카콜라의 마케팅 역사를 새로 쓴 서지오 지면Sergio Zyman은 《우리가 알고 있던 마케팅은 끝났다》에서 말했다.

오프라인은 대화의 장이다. 오프라인의 대화는 단지 언어에 의존하지 않는다. 다양한 감각 기관을 활용한 소통이 가능하다는 것이 오프라인의 특성이자 장점이다. 실상 공간의 구성 요소 하나하나가 대화의 매개체다. 대화 형식을 언어에 한정하면 보이지 않는 영역이다. 공간 안에 존재하는 모든 요소는 커뮤니케이션이라는 최종 목적을 향해 최적화되어야 한다. 그게 공간 기반 커뮤니케이션의 기본이다.

인테리어, 익스테리어, 가구, 굿즈, 향, 조경 등 공간을 구성하는 개별 요소들은 브랜드가 전달하고자 하는 최종 메시지에 따라 완급이 조절되어야 한다. 구성 요소들이 앞다투어 자기주장을 강하게 펼치면 목적성 없는 기괴한 공간이 만들어진다. 들러리의 미덕은 주인공인 웨딩드레스 입은 신부를 돋보이게 하는 데 있다. 브랜드 메시지라는 대의를 위해 자기 색을 조절하고 양보하는 미덕이 중요하다. 메시지를 전달하는 데 효과적인 우선순위대로 면적을 배분해 구성 요소의 강약을 조절하는 것이 최적화의 시작이다. 최적화를 통해 목적성이 분명한 공간 탄생한다. 공간의 모든 구성요소가 동일한 메시지를 전달할 때, 방문자 혹은 소비자 혹은 고객은 일관된 톤 앤드 매너를 갖춘 공간의 이야기를 기억한다.

이야기로 형성된
라포의 힘

2015년 동대문디자인플라자에서 열린 '에스프리 디올Esprit Dior' 전시는 소비자에게 브랜드 메시지를 전달하는 커뮤니케이션 공간이었다는 점에서 IMC형 팝업과 결이 같다. 이 전시는 국내 명품 시장에서 에르메스, 샤넬, 루이비통 대비 상대적으로 존재감이 덜했던 디올의 아이덴티티를 부각했다. 에스프리 디올은 시즌성 신제품을 홍보하는 단순 이벤트가 아니었다. 디올 창립자인 크리스챤 디올의 천재성과 여성의 몸에 대한 존중감, 라프 시몬스Raf Simons가 계승한 디올의 역사성, 예술 작품에서 영감을 받아 파리의 상징이 된 디올의 위상 등을 밀도 있게 소개했다. '선구적인 럭셔리 브랜드'라는 최종 메시지를 디올의 복식 작품들로 우아하고 아름답게 전달했다.

존중받는 브랜드의 최종 지향은 언제나 사람을 향해 있다. 애플은 '최적의 차별화'라는 인간의 근본적 심리 욕구를 충족시키면서 브랜드 정체성을 구축했다. 애플은 소비자 만족 조사를 하지 않는다. 그 대신 사람을 고민하고, 소비자가 아닌 평범한 사람들의 생각을 묻는다.

카메라 기능이 없는 스마트폰은 없다. 다만 카메라에 무엇을 담

에스프리 디올은 브랜드 메시지를 우아하고 아름답게 전달하는 커뮤니케이션 공간형 전시였다. ⓒ Christian Dior

을 것인지 고민하는 관점에서 브랜드의 세계관이 달라진다. 삼성 갤럭시의 사양은 언제나 빼어나다. 지구에서 38만 4,000킬로미터 떨어진 달 표면을 찍을 수 있다니, 이 얼마나 뛰어난 기술인가. 아쉬운 점은 스마트폰으로 달 표면을 찍을 일이 우리 일상에 과연 자주 있느냐다. 스마트폰은 실생활에 깊게 관여된 생필품 중 하나다. 기록하고 싶은 일상의 모습을 발견할 때, 우리는 휴대폰을 들어 카메라를 켠다. 달이 사실적으로 나오는 것도 멋진 일이지만, 실생활에서 그보다 중요한 것은 스마트폰의 사용자인 나와 내가 사랑하는 주변 사람들이 아름답게 담기는 순간이다. 사용자의 실질적 필요를 고민하는 브랜드의 품성에 소비자는 팬심으로 화답한다. 더욱이 소비자는 필요 그 이상의 욕구를 충족할 때 감동한다. 이렇게 브랜드와 소비자 간의 라포rapport가 형성된다.

인간은 진짜 감동하면, 그 감동을 어떻게든 표현하고 발산한다. 애플 사용자는 누가 시키지 않아도 아이폰 콘텐츠를 자발적으로 퍼트린다. 애덤 스미스가 《국부론》에서 말했듯 "인간이 타인의 행복을 필요로 하기" 때문인지, 같은 감정을 느끼며 동질감을 느끼고 싶은 공감의 욕구 때문인지, 그냥 좋아서인지 이유는 분명하지 않다. 복잡다단한 인간 내면의 동기를 속단할 수는 없다. 다만 '내돈내산'인 상품을 어떤 대가 없이 홍보하는 행위에서 감동과 라포의 힘이 얼마나 강력한지를 가늠할 수 있다. 이런 맥락에서 애플이야말로 풀 마케팅의 교과서적 사례가 아닐까 한다.

이 지점이 애플과 삼성의 근본적 차이다. 애플은 사람을 다방면으로 연구하고, 자기 확신에 찬 이야기를 일관성 있게 전달한다. 삼성은 우주 최강의 기능과 스펙을 가진 스마트폰을 생산한다. 물성을 넘어선 아이덴티티와 물성에 골몰하는 아이덴티티가 브랜드 격차를 만든다.

인게이지먼트

사람들이 머무는 공간의 조건

ENGAGEMENT

목적에 따른
공간 설계 프레임

인간은 절대적 판단 기준에 따라 행동하지 않는다. 세상 모든 문을 열 수 있는 만능키가 없듯이, 모든 상황에서 최적의 선택을 하게 만드는 단일한 판단 도구는 없다. 예를 들어, 오늘 입은 옷의 적합성은 오늘 그 사람이 갈 장소에 따라 달라진다. 하와이언 셔츠는 휴가지에서는 적합하지만, 상갓집에서는 부적합하다. 적합함과 부적합함을 가르는 것은 상황, 즉 콘텍스트지 하와이언 셔츠라는 형식이 아니다. 좋은 선택은 형식의 영역이라기보다는 센스의 영역이다. 크리에이티브 디렉터 미즈노 마나부는 《센스의 재발견》에서 "좋은 센스란 수치화할 수 없는 현상의 좋고 나쁨을 판단하고 최적화하는 능력"이라고 말한다. 센스는 타고난 재능이 아니다. 경험을 통해 개발되는 능력이다.

오프라인은 형식적 질서에 기반한다. 공간의 구성 요소들은 모두 형식이다. 이 형식에 내용을 담을 때 목적성 있는 오프라인이 완성된다. 내용 없는 형식은 공허하고, 형식 없는 내용은 맹목적이다. 형식과 내용이 교합되는 과정에서 시너지가 생긴다. 1 더하기 1이 2가 아니라 10이 되고, 100이 된다. 그래서 잘 만든 오프라인은 부분의 합, 그 이상이다. 설계자의 명백한 의도가 녹아든 전략

자본주의의 대표적인 상징 세 가지가 스타벅스, 맥도날드, 슈퍼마켓이라 생각했고, 그중에 '북한에 생긴 슈퍼마켓은 어떤 모습일까?' 하는 생각으로 '평양 슈퍼마케트'를 기획했다.

북한의 프로파간다를 재해석한 위트 있는 홍보물들.

적 공간은 형식과 내용의 경계가 흐릿하다(소비자는 이를 '톤 앤드 매너'
로 인식한다). 공간의 흐릿한 경계 속에서 소비자는 이성의 힘을 잃
고, 감성의 영역으로 빨려 들어간다. 삼투압처럼 빨려 들어가는 바
로 그 순간, 소비자는 하나의 신scene을 완성한다. 소비자가 감독한
그 장면에 브랜드가 각인된다.

　공간은 설계자의 '의도'와 '목적'에 따라 그 깊이가 달라진다. 다
수의 방문이 목적인 공간과 소수가 방문할지라도 체류 시간이 목
적인 공간은 애초에 설계가 다르다. 의도한 목표에 따라 회전율

이 더 효과적일 때가 있고, 체류 시간이 더 중요할 때도 있다. 목적성 기반의 공간 설계 관점에서 회전율과 체류 시간은 가치의 경중이 없다. 그러나 브랜드 인게이지먼트 관점에서는 체류 시간이 더 가치 있다. 가 보고 싶은 공간과 머무르고 싶은 공간은 격이 다르고(예컨대 연예인을 만나고 싶은 것과 그 연예인과 사귀고 싶은 것은 다른 차원이다), 브랜드와 소비자의 강화된 관계를 나타나는 지표는 회전율이 아니라 체류 시간이기 때문이다.

부족한 자원이 공간 설계의 목적을 바꿀 수도 있다. 공간을 채울 콘텐츠가 충분하지 않거나 브랜드 인지도가 아주 낮을 때는 회전율 중심으로 팝업을 설계하는 게 낫다. 할 얘기가 없는 낯선 이와 오랜 시간을 보낼 수 있는 사람은 드물다. 콘텐츠가 부실할 때는 최대한 여럿을 만나 안면을 트고, 강한 인상을 남기는 방향으로 공간을 설계해야 가져갈 이익이 많다. 반면 누구나 아는 브랜드여서 소비자에게 각인된 고정관념이 두터울 때는 고객의 인식 전환에 초점을 맞춰야 한다. 고객이 오래 머무는 공간 설계가 더 중요한 것이다. 이렇듯 브랜드 포지션과 콘텍스트에 따라 공간 설계의 프레임은 달라진다.

카페를 예로 들어 보자. 회전율에 집중하는 공간과 체류 시간을 목적에 둔 공간은 무엇이 다를까? 그 포인트 중 하나는 '의자'다. 목적성이 분명한 공간은 공간의 주요 기물과 레이아웃으로 브랜드의 의중을 전달한다. 많은 고객을 만나고자 하는 카페는 하이

평양 슈퍼마케트에서는 탈북민들이 직접 만든 수제 디저트를 비롯해 각종 식료품, 생필품을 판매했다.

통일부와 함께 광화문에서 진행한 '평양커피' 프로젝트.

ND IDENTITY APPLICATION

PYONGYANG COFFEE

OBJECTIVE

Korea is the only and the last divided country in the entire planet. After the Korean War in 1953, it has returned to the "status quo ante bellum" and has remained as South and North Korea for the last 70 years. Despite the effort in preparing for a shared future, South Korean government's political, military, and economic-oriented approach has resulted in ineffective establishment of public interest and awareness, especially that of the younger generation, towards the unification.

Pyongyang Coffee is a cultural unification campaign that aims to revive the interest on Korea's unification by providing the opportunity to younger generation of South Korea to reflect upon the lives across the division line, utilizing a coffee pop-up store as a visual and information projection platform. The project employs a daily consumable (i.a. coffee) as a touch-point to provide an opportunity for users to effortlessly reflect upon North Korea, not as a subject for political and military vigilance, but in regards of people and their life itself.

A set of emblems inspired by North Korean propaganda posters.

style from north

인외쪽

Pyonghattan life

"북한의 1%, 평해튼에서 삶을 즐기다
(North Korea's one-percenters savor life in 'Pyonghattan')"

2016.05.27~29

Brand identity design
디자인이야기

I WANT YOU FOR U.S. ARMY

PROGRESS

Mao Zedong

Pyongyang coffee

Propaganda

여성들의 헤어스타일은
18가지로 정해졌습니다.
Hair style is controled 18th ty

PYOUNGYANG COFFEE X AUDREY FLOWERS

평해튼 포스트
PYONGHATTAN POST
BY VILLABENTACO, A BRAND DESIGN CONSULTING STUDIO.

We love coffee
They _____ too.

Coffee

평양커피 프로젝트의 디자인 아이덴티티.

체어나 예쁘지만 불편한 의자를 둔다. 고객이 충분히 머물다 가길 원하는 카페는 등받이가 높고 안락한 의자를 들인다. 회전율에 집중하는 이디야와 제3의 장소가 된 스타벅스의 의자를 떠올리면 이해하기 쉬울 것이다.

프로젝트 렌트가 자체 기획한 '평양 슈퍼마케트'는 '북한에 생긴, 자본주의의 상징 슈퍼마켓은 어떤 모습일까?'라는 메시지를 위트 있게 풀어낸 팝업이다. 통일부 민간자문위원으로 있을 때 진행한 '평양커피' 프로젝트가 좋은 반응을 얻었던 터라, 그 연결선 상에서 준비한 렌트의 기획 팝업이었다. 평양은 우리의 고정관념과 다르게, 외신 기자들 사이에서 '평해튼'이라 불릴 정도로 생활 수준이 높고, 소비 규모가 큰 도시로 알려져 있다. 평양이라는 대도시의 실제 면모를 일상 친화적인 상품을 통해 소개했다. 겹과자, 색동다리 캔디, 손가락 과자 등 탈북민들이 직접 만든 수제 디저트를 전시하고 판매했다. 북한의 프로파간다를 재해석한 포스터로 재미를 더하고, 영국 출판사 파이돈이 발행한 《메이드 인 조선》을 소개해 공간의 설득력을 높였다. 공간이 가진 이야기에 흥미를 느낀 방문객들이 도슨트의 설명을 즐기듯 40분 이상 머물렀고(평균적인 팝업 체류 시간은 보통 1~2분, 길면 3~6분이다), 성수동 상권이 부흥하기 전이었음에도 언론사와 방송사의 촬영 문의를 비롯해 공간 섭외 문의가 빗발쳤다.

영국 출판사 파이돈이 펴낸 《메이드 인 조선》. ⓒ PHAIDON

관계성 확보를 위해
필요한 시간

　　　　　　　　　　'던바의 수'는 한 사람이 진정한 사
회적 관계를 맺을 수 있는 인맥의 수를 말한다. 옥스퍼드 대학교
문화인류학 교수이자 진화심리학자인 로빈 던바Robin Dunbar의 이름
에서 명명된 관계의 법칙이다. 그는 아무리 발이 넓고 친화력이 뛰
어난 사람이라도 진정한 사회적 관계를 맺을 수 있는 최대 인원은
150명이고, 좋은 친구는 35명, 친한 친구는 15명, 절친한 친구 5명
이라고 주장한다. 인지과학 분야에서 주장하는 관계성이 유효한
친구의 수는 최대 100~230명이다.

　브랜드 커뮤니케이션의 목적은 소비자와 친한 친구, 혹은 절친
한 친구가 되는 것이다. 한 사람의 삶에서 그냥 아는 사람과 친한
사람은 끼치는 영향력이 다르다. 의사결정에 영향을 미치는 관여
도도 다르다. 친구는 어떤 측면에서 연인보다 귀하다. 사랑은 즉각
적으로 빠질 수 있는 감정이지만, 우정은 시간의 숙성 없이 만들어
지지 않는다. 던바에 따르면, 첫 만남을 기점으로 3주간 43시간을
함께해야 친한 친구가 될 확률이 50퍼센트가 넘는다고 한다. 첫눈
에 반해 사랑에 빠지는 순간은 단 7초면 가능하다.

　브랜드는 어떻게 소비자와 끈끈한 유대를 맺을 수 있을까? 우선

PAPER IS ENOUGH.

**우리의 일상은 종이로도
충분히 아름다워질 수 있습니다.
재활용만 잘 이뤄진다면요.**

플라스틱 사용량을 줄이기 위해 일회용 포장재를 확실히 줄여야 하지만
화장품처럼 포장재 사용이 불가피한 경우가 있죠. 그래서 썩지 않아
재활용이 어려운 '예쁜 쓰레기' 플라스틱을 사용하지 않고, 잘 썩고
재활용이 용이한 '착한 쓰레기' 종이를 포장재의 대체제로 사용하고자
노력하겠습니다.

종이는 국내 폐기물 가운데 재활용률이 90%에 가까운 만큼 자원
순환의 관점에서 플라스틱의 현실적인 대안이 될 수 있습니다. 또, 1년간
버려지는 종이팩만 잘 활용한다면 20년생 나무 130만그루를 심는
효과가 있다는데요. 종이가 이렇게 재활용이 잘되고 활용 가치가
높은데도 불구하고 실제로 분리배출이 제대로 이뤄지고 있지 않아
15.8%의 종이팩만 재활용 되고 있다고 합니다.

우리의 관심과 노력이 더해져 분리배출과 재활용만 잘 이루어진다면
종이로도 충분히 구현 가능한 게 많다는 것을 보여주기 위해, 이번 팝업
공간을 종이로 표현합니다. 다양한 페이퍼 오브젝트(굿즈나 가구,
소품)들을 비욘드 팝업 스토어에서 만나보실 수 있습니다.

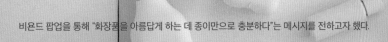

비욘드 팝업을 통해 "화장품을 아름답게 하는 데 종이만으로 충분하다"는 메시지를 전하고자 했다.

친분의 필요조건은 절대적으로 시간이다. 현대인 대부분은 만성적으로 시간에 쫓긴다. 그렇다면 바쁜 현대인의 시간을 기업이 어떻게 확보할 수 있을까. 한 사람이 대인 교류에 소요하는 시간은 하루 평균 41분이라고 한다. 고객의 41분, 혹은 그 이상을 점유하는 일이 온라인이나 TV 광고로 가능한가? 온라인이나 TV 광고 도달률로 소비자의 시간을 의미 있게 붙잡을 수 없다는 것을 이제 누구나 안다. 소비자의 시간을 붙잡아 인게이지먼트를 강화하는 것은 결국 오프라인이다. 매일 바뀌는 온라인 배너 광고에는 일말의 관심이 없지만, 사는 동네나 회사 주변에 새로운 가게가 생기면 자꾸 눈길이 가고 들러 보고 싶은 것이 평범한 우리의 속내다. 익숙한 거리를 지나다 새로 생긴 매장을 보고 '다음에 꼭 가 봐야지' 하고 다짐한 경험은 누구나 있을 것이다. 오프라인을 광고 매체로 본다면, 기성 미디어 대비 가성비가 압도적으로 뛰어난 플랫폼이다. 사람들의 실제 삶에 녹아든 일상적 관여도가 영향력에 독보적인 힘을 싣는 것이다.

팝업은 소비자의 시간을 확보해 인게이지먼트를 강화하는 매체다. 인게이지먼트는 신뢰, 공감, 존중(팬덤)의 차원으로 순차 발전한다. 소비자가 팝업 공간에 노출되는 시간이 길어질수록 더욱 많은 브랜드 정보를 습득하고, 브랜드 메시지를 더 많이 이해하게 된다. 그러니까 소비자가 공간에 머물수록 브랜드에 동화될 확률이 높다. 브랜드에 동화된 소비자는 다시 만날 것을 기대한다. "다음에 언제 또 해요?"라는 소비자의 질문은 의미심장하다. 단기로 열리는 팝업의 특성상 재방문을 기대하는 소비자의 출현은 막강한 성공 잠재력을 의미한다. 브랜드란 스타트업과 마찬가지로 미래 가치를 팔아 생존한다. 브랜드 인게이지먼트의 최종 목적은 소비자의 인식을 전환하는 데 있다. 다음에 또 언제 보냐는 애틋한 질문은 소비자의 무감한 인식을 전환해 관계 맺기에 성공했다는 것을 방증한다.

렌트가 진행한 팝업 중 방문 고객의 재방문 의사가 100퍼센트에 달한 프로젝트가 있다. 2023년 5월 선보인 코스메틱 브랜드 '비욘드' 팝업이다. 비욘드는 아름다움을 위해 자연이 대가를 치르지 않는 방향을 고민하는 의식 있는 브랜드다. 하지만 진보적인 친환경 행보를 꾸준히 이어 왔음에도 비건이나 친환경을 표방하는 유사 브랜드가 적지 않아 '친환경'이라는 브랜드 아이덴티티는 더 이상 새롭거나 선동적이지 않았다.

브랜드 메시지를 구체화하기 위해 20, 30대가 생각하는 친환경 화장품의 특징과 구매 시 참고하는 항목을 설문조사했다. 과연 20대와 30대의 화장품 선택 기준은 달랐다. 30대는 화장품 성분에 민감했지만, 20대는 성분에 관심이 없었다. 상대적으로 피부 관리에 문제가 없었기 때문이다(물만 발라도 괜찮은 연령대였다). 비건이나 친환경을 표방하는 유사 브랜드들과 차별화하려면, 화장품의 기능적 측면이 아니라 친환경에 대한 브랜드의 진심을 강조하는 방향

비욘드 팝업스토어 설문조사 분석

방문자 성비

(응답: 63, 미응답: 5)

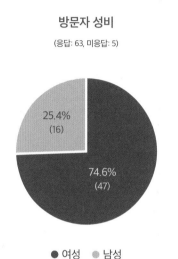

25.4%
(16)

74.6%
(47)

● 여성 ● 남성

연령별 분표

(응답: 60, 미응답: 8)

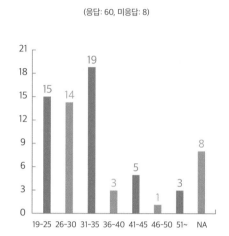

친환경 및 브랜드 인식 변화 분석

Q. 비욘드 팝업 방문 후 방문 전에 비해 화장품 용기 재활용 의사가 증가하였다.

(응답: 68)

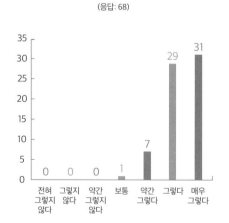

Q. 비욘드 팝업 방문 후 방문 전에 비해 비욘드 선호도가 증가했다.

(응답: 68)

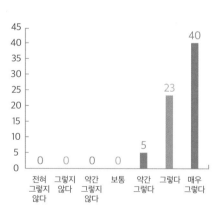

이 효과적이었다. 비욘드는 2021년 11월부터 종이로 만든 리필 팩을 판매했다. 그 전력을 고려해 "화장품을 아름답게 하는 데 종이만으로 충분하다Less Plastic, Paper is Enough"라는 캠페인형 테마를 완성했다. 공간의 모든 기물을 종이로 만들어 테마를 입체적으로 구현했다. 방문 고객이 플라스틱 공병을 넣으면 무게에 따라 리필 제품을 증정하는 자판기를 비치했는데, 예상보다 반응이 좋아 공병이 든 포대 자루가 갈수록 쌓여 갔다.

플라스틱 공병을 넣으면 무게에 따라 리필 제품을 증정하는 자판기.

소비자에게
강요하지 말 것

바람과 해가 지나가는 여행자의 외투 벗겨 보자고 내기했다. 결과는 모두가 아는 그대로다. 외투를 벗게 만드는 것은 강한 바람이 아니라 따뜻한 햇볕이었다. 인간사에 강요한다고 잘되는 일은 별로 없다. 철벽 친 소비자의 마음도 일방적 강압이 아니라 다정한 제안에 허물어진다. 푸시push가 아니라 풀pull의 방식으로 소통해야 하는 이유다.

풀 마케팅의 기본은 소비자의 자발성을 촉진하는 데 있다. 소비자가 다가오기 쉬운 방식을 선택해 그 안에 브랜드가 전달하고자 하는 메시지와 의도를 넣는 것이 가장 우아하고 세련된 소통의 방식이라 생각한다. 식음료는 오프라인 진입 장벽을 허물고, 소비자의 실제 시간을 점유하는 효과적인 수단이다. 또한 라이프스타일 비즈니스 중 소비자의 심리적 경계가 낮은 카테고리에 속한다. 커피 한 잔, 한 잔의 차, 케이크 한 조각이 주는 소소한 기쁨이 평범한 일상에 녹아 있다.

주요 명품 브랜드는 대부분 F&B 사업을 운영한다. 브랜드 경험을 다각화하고 라이프스타일 비즈니스의 정체성을 더 알리기 위해서다. 비즈니스는 확장하지 않으면 도태하는 측면이 있다. 현상 유지는 그래서 불안하다. 명품 브랜드의 F&B 비즈니스 진출은 라이프스타일을 점유해 소비자의 삶에 브랜드를 각인시키려는 의지를 내포한다. 연애를 글로 배울 수 없듯, 라이프스타일도 직접 겪어 봐야 이해할 수 있는 경험적 인지의 영역이다. 옷이나 가방을 보러 매장에 가면 길어도 한 시간을 넘기기 어렵다(특히 한국 남성의 쇼핑 시간은 대단히 짧다. 배우자에게 쇼핑을 일임해 구매 경험 자체가 희소한 남성도 적지 않다). 그런데 레스토랑이나 카페에서는 한두 시간이 훌쩍 지나간다. F&B는 소비자의 일정 시간을 독점하고, 실생활에 스며들 여지가 큰 비즈니스 영역이다. 우리는 먹고 마시는 소비에 지갑을 쉽게 또 자주 열지만, 사치품 소비에는 대부분 신중하다. 수백 혹은 수천만 원대 가방을 일 년에 혹은 일생에 몇 번이나 사겠는가.

렌트가 진행한 팝업에는 F&B가 자주 활용된다. F&B의 일상적 관여도가 가진 파급력을 신뢰하기도 하지만, 맛이란 직접 먹어야만 알 수 있는 경험 의존적 감각이기 때문이다. '가나 초콜릿 하우스', '나뚜루 시크릿 가든', '어메이징 오트 카페'처럼 음료나 음식을 주요 테마로 한 팝업에서 먹는 기회를 제공하지 않고 소비자를 설득하는 건 다소 기만적이라 판단했다. 듣지 않고 온전히 감각할 수 있는 음악이 없듯, 먹지 않고 온전히 알 수 있는 맛은 없다. "일단 잡솨 봐"라는 고전적 유행어가 사라지지 않는 것은 거두절미하고 먹어 봐야 이해할 수 있는 감각 세계가 분명히 있기 때문이다. 매일유업과 렌트가 기획한 '어메이징 오트 카페'는 프로젝트 렌트 올

드타운점에서 진행한 팝업이다. 성수동 중심가에서 다소 먼 장소
였음에도 '오픈런'과 함께 1,000명 이상의 일일 방문객을 기록했다.
어메이징 오트는 비건을 상징하는 귀리 음료다. 어메이징 오트 카
페는 '건강에 좋지만 맛은 없다'는 비건에 대한 세간의 인식을 개선
하고, 비건 시장의 스펙트럼을 확장하는 것을 목적으로 기획했다.
누가 먹어도 맛있는 비건 디저트를 제공하기 위해 서울 시내 비건
디저트를 모두 찾아 테이스트했고, 대중이 가장 좋아할 아이템을
선별하는 데 참고했다. 에이사, 꼼므크리제, 푸드떼, 이로운제과,
모도리, 빵제 총 여섯 개 비건 전문 브랜드가 직접 개발한 음료와
디저트를 제공하니 "이런 비건 디저트는 얼마든지 먹을 수 있다",
"비건 디저트라는 것이 믿기지 않는다" 등 방문객의 호평이 이어졌
다. 때마침 가을로 들어선 계절의 타이밍도 팝업 분위기를 고취하
는 데 한몫했다. 실내에 작은 정원처럼 조성한 귀리밭과 자연 소재
로 만든 가구, 해 질 녘 '불멍'으로 힐링할 수 있는 모닥불 등으로 조
성된 공간감이 10월의 정감을 더했다.

롯데웰푸드의 친환경 자연주의 브랜드 나뚜루의 팝업 '나뚜루
시크릿 가든'은 '도심 속 삶의 여유'를 테마로, 미디어아트와 파인
다이닝을 결합해 나뚜루의 자연친화적 아이덴티티를 부각했다. 실
내정원의 주는 낯선 즐거움에 더해 분명한 팝업 메시지를 담은 요
리들로 고객들과 커뮤니케이션했다.

맛은 다양한 외부 요인이 만든 복합적 결과물이다. 완성된 요리

어메이징 오트 카페.

어메이징 오트 카페에서 판매한 비건 디저트

라는 '물성'이 맛의 전부가 아니다. 음식이 나오는 순서, 음식을 담은 접시의 모양과 색, 서빙을 하는 직원의 태도, 식탁의 분위기를 만드는 조도, 음악, 향 등 모든 감각 정보가 맛을 결정한다. 실험심리학자이자 미슐랭 셰프들의 구루로 불리는 찰스 스펜스는《왜 맛있을까》에서 "맛을 본다는 것은 총체적인 뇌의 활동이 분명"하다며 통합 감각의 힘에 주목한다. 하나의 감각에서 일어나는 일이 다른 감각에 영향을 끼치듯, 브랜드 공간의 개별 구성 요소는 공간 전체에 영향을 미친다. 스펜스식의 '맛의 경험'은 '브랜드 공간의 경험'과 그 본질이 정확히 일치한다.

나뚜루 시크릿 가든.

나뚜루 시크릿 가든에서는 식탁의 분위기를 만드는 조도, 음악, 향까지 전부 디자인한 디저트 파인 다이닝 서비스를 제공했다.

공감각

오프라인에서만 완성되는 소비자 경험

SYNESTHESIA

미디어화된 공간

　　　　　　　　　오프라인은 세 단계의 변화를 거치며 진화했다. 진화는 현재 진행형이다. 첫 번째 단계는 판매를 위한 오프라인이다. 산업화 시대의 리테일은 오직 물건을 파는 기능에 초점이 맞춰진 물물교환의 장소였다. 생산자와 소비자의 만족이 제품이라는 물성에 맞춰져 있었다. 둘째는 커뮤니케이션을 위한 공간이다. 이 공간적 성격이 지금 오프라인의 가치를 결정하고 있다. 온라인이라는 가상 공간이 시장의 기능을 대체하고, 공급 부족에서 공급 과잉으로 전환된 시대의 오프라인은 소통을 위한 장소다. 소비자와의 유대를 강화하고, 브랜드 메시지를 전달하는 데 온라인이나 모바일 인터페이스로는 한계가 분명하다. 정보 전달의 방식이 일방적이고, 정보량도 충분하지 않아 소비자에게 브랜드의 최종 메시지가 도달할 확률이 낮다.

　마지막은 미디어로서의 공간이다. 미디어화된 공간은 공간이 가진 시장의 성격(판매)과 광장의 성격(커뮤니케이션) 모두를 포함한다. 건축가 유현준 교수는 《도시는 무엇으로 사는가》에서 말했다.

　"거리의 다양한 상점 입구의 수는 TV 채널의 수나 인터넷의 하이퍼링크 수와 같다."

　기존 매스미디어 채널에 막대한 마케팅 비용을 들여 광고하는 것보다 팝업과 같은 뉴미디어 채널을 잘 활용하는 것이 더 가치 있는 마케팅 결괏값을 만든다. 많은 기업이 다시 오프라인에 주목하고 투자를 아끼지 않는 것은 오프라인이 마케팅 솔루션 채널로서 만족할 만한 가능성을 보여 주고 있기 때문이다.

건전한 기업의 비즈니스 모델은 진화한다. 시장이 끊임없이 변하기 때문에 기업의 비즈니스 모델도 진화해야만 한다. 더욱이 어제의 소비자와 오늘의 소비자는 다르다. 기업의 규모는 중요하지 않다. 몸집이 크다고 변화의 역풍을 더 세게 맞는 것도 아니고, 몸집이 작다고 더 살살 맞는 것도 아니다. 현실이라는 가림막에 갇혀 시대와 호흡하지 않는 기업과 브랜드는 정체한다. 글로벌 패션 브랜드 자라는 독보적인 SPA 브랜드로, 옴니 채널omni-channel의 선봉에 있다. 옴니 채널은 오프라인, 온라인, 모바일 등 유통업체가 가진 모든 채널을 융합해 소비자의 구매 행위가 이루어지게 하는 쇼핑 시스템을 일컫는다. 자라는 온라인과 오프라인을 통합하는 디지털 트랜스포메이션 전략을 일찍이 시행해 성공시켰다. 온라인 매출의 30퍼센트 이상이 온라인에서 주문하고, 오프라인에서 주문한 물건을 찾는 방식으로 이루어지는 소비 패턴에 주목해 옴니 채널의 입지를 전문화했다.

프로젝트 렌트는 현재 팝업 공간을 확보하고 개발하는 회사로 알려졌지만, 공간만 제공하는 것이 아니라 OMOOnline Merged Offline(다양한 유통 채널의 연결과 온·오프라인 고객 데이터 통합을 통해 온라인과 오프라인을 넘나드는 쇼핑 경험을 제공하는 마케팅) 커머스이자 오프라인 기반 마케팅 플랫폼 서비스 기업을 지향한다. '오프라인 매거진'이라는 일관된 방향성을 유지하면서, 공간에서의 소비자 경험과 브랜드 커뮤니케이션을 설계하고 이를 비즈니스로까지 확장하고자 하는 것이다. 오프라인은 단순한 세일즈의 공간이 아니라, 커뮤니케이션의 장소이자 어떤 광고 매체보다 영향력 있는 미디어로 전환되고 있기 때문이다.

순간이 우리를 붙잡는가,
우리가 순간을 붙잡는가

공감각共感覺은 감관 영역을 자극해 하나의 감각이 다른 영역의 감각을 불러일으키는 전이 현상을 말한다. 이를 감각전이感覺轉移, 감각유추感覺類推라고도 한다. 눈, 귀, 코 등 우리 몸의 감각 기관으로 수용되는 자극은 특정한 심상을 촉발하고, 그 심상은 다른 감각 기관을 자극해 동일한 심상을 떠올리게 한다. 공감각은 감각의 연쇄 작용을 통해 무의식에 저장된 특정한 장면을 선명하게 들추어낸다. 헤어진 연인과 함께 들었던 노래를 우연히 들을 때, 그 사람의 향기와 목소리와 따듯한 손의 감촉이 동시에 떠올라 멜랑콜리를 완성하는 식이다.

사회 전반에 문해력 위기가 심화하고 있다. 일 년에 책 한 권 읽지 않는 사람이 열의 여섯이다. 뇌가 현실에 둔감해지고 강렬한 자극에만 반응하는 팝콘 브레인Popcorn Brain 현상이 드물지 않고, 도파민 중독까지 걱정하는 요즘 대중에게 텍스트는 정보 도달률이 낮다. 쇼츠와 릴스에 익숙한 세대에게 이성적 언어, 즉 텍스트 기반의 소통은 자극의 강도가 낮아 지루할 뿐 아니라 고도의 집중력을 요구해 부담스럽다. 싱글 채널이 아닌 멀티 채널 형식의 새로운 소통 방식이 필요하다.

공감각은 각인 효과가 뛰어난 현상이다. 오프라인은 공감각을 자극한다. 공감각적 자극은 수용 가능한 정보량을 폭발적으로 증대시킨다. 텍스트, 사진, 음향, 영상 등 다양한 유형의 데이터를 통합해 인식하는 멀티 모달multi modal 시스템과 유사하다. 온라인이나 모바일에서는 주로 정보를 받아들이는 감각 기관이 시각과 청각에 한정되어 있다. 오프라인의 절대무기는 촉각(젓가락에 익숙한 한국인은 특히 촉각에 예민하다), 미각, 후각 등 온몸의 감각을 열어 정보를 복합적으로 받아들인다는 것이다.

마케팅은 소비자의 인식 전환을 목적으로 한다. 통상 제품 경쟁에서 이기는 것이 마케팅이라 생각하지만 착각이다. 공급 과잉 시대에 제품은 싸든 비싸든 대부분 기능이 뛰어나다. 제품 사양만으로는 브랜드의 질적 가치를 가늠하기 어렵다는 말이다. "바깥세상에는 분명 바다, 강, 도시, 마을, 나무, 집이 존재한다. 그러나 우리의 인식을 통하지 않는 한 우리가 이런 것들을 알아볼 방법이 없다. 마케팅은 이러한 '인식'을 다루는 기술이다."《마케팅 불변의 법칙》에서 앨 리스와 잭 트라우트는 말했다. 인간의 인식은 촉발되는 감수성에 의존한다. 이 감수성의 방향을 전략적으로 설계하는 것이 마케팅이다.

소비자의 인식에 개입해 소비자의 의사결정을 전략적으로 설계한다. 이게 마케팅의 본질이다. 마케팅은 온라인보다 오프라인에서 훨씬 수월하다. 브랜드 공간에서의 감각 경험과 상호 작용이 정

가나 초콜릿 하우스 시즌 2는 '초콜릿 싱글몰트 바' 콘셉트로 기획했다.

가나 초콜릿 하우스 시즌 2.

가나 초콜릿 하우스 시즌 3는 인테리어뿐 아니라 익스테리어에도 공을 들였다.

보의 양을 늘려 '체화된 인지embodied cognition'를 가능하게 하기 때문이다. 체화된 인지란, 몸을 통해 경험한 감각이 인지의 일부분이 되는 것을 뜻한다. 이 과정에서 공간을 통해 전달하고자 하는 브랜드의 최종 메시지가 소비자에게 각인된다. 감촉을 느끼고, 향기를 맡고, 조도를 실감하고, 그 장소에 새겨진 음감을 감각하고, 공간 콘셉트에 부합하는 적절한 서비스를 경험하는 과정에서 소비자는 자연스럽게 공간에 스며든다. 스며든다는 것, 브랜드와 소비자 간의 깊은 의사소통이 가능해지는 지점이다. 그러므로 오프라인은 전통적 커뮤니케이션 매체의 한계를 뛰어넘는 새로운 커뮤니케이션 미디어다.

롯데웰푸드의 가나 초콜릿 하우스 팝업은 공감각적 정보가 집약된 프로젝트다. 3년에 걸쳐 시즌 3까지 이어진 이 팝업은 매해 다른 목적성을 가지고 진화했다. '초콜릿 하우스'라는 테마를 매 시즌 다른 목적성으로 설계해 브랜드 커뮤니케이션의 영역을 확장한 사례다. 시즌 1은 초콜릿을 고급스럽게 즐기는 경험에, 시즌 2는 아이가 아니라 성인이 즐기는 초콜릿 문화에, 시즌 3는 사계절 초콜릿을 즐기는 체험에 주력했다. 시즌 1부터 시즌 3까지 폭발적인 반응을 얻은 덕분에, 2024년 2분기 도쿄 오모테산도에서 '한국에서 성공한 초콜릿 하우스가 도쿄에 상륙했다'는 메시지를 담은 팝업이 약 3주간 열렸다.

롯데제과가 1975년에 출시한 '가나 초콜릿'은 반백 년 동안 국민 초콜릿의 자리를 지켜 온 만큼 소박하고 서민적인 이미지가 굳어 있어 프리미엄 이미지로의 전환이 필요했다. 2022년 4월 성수동 연무장길에서 열린 가나 초콜릿 하우스 시즌 1 팝업은 초콜릿을 고급스럽게 경험하는 장소로 공간 콘셉트를 정했다. 방문객의 호기심을 자극할 만한 초콜릿 체험 코너를 만들었다. 국내 최고의 디저트 전문가가 준비한 디저트 페어링 코스, 나만의 초콜릿을 직접 만들어 보는 DIY 클래스를 예약제로 운영했다. 고객들의 반응이 뜨거웠다. 6주간 2만 1,700명의 고객이 방문했고, 평균 체류 시간은 60~90분이었으며, 온라인 마케팅 효과는 1,000퍼센트를 상회했다.

2023년 2월 부산진구 전포동에서 오픈한 시즌 2는 '가나 초콜릿을 더 고급스러운 미식 문화와 연결 짓자'는 취지로 초콜릿 싱글몰트 바 콘셉트를 잡았다. 가나 디저트 위스키 페어링 코스를 사전 예약제로 운영했는데, 오픈과 동시에 매 회차가 빠르게 마감됐다.

2024년 3월 성수동에서 문을 연 시즌 3에서는 '초콜릿을 즐기는 사계절'을 테마로 잡았다. 고객들이 사계절의 역동성을 어떻게 피부로 실감할 수 있을까. 한 달간 진행하는 팝업에서는 해내기 어려운 일이었지만, 고민 끝에 시즌별 라인업 시스템을 도입했다. 매주 콘텐츠를 순환하지 않고서는 봄, 여름, 가을, 겨울이라는 각기 다른 테마를 사람들에게 납득시키기 어려울 것 같았다. 화려한 조경으로 각 계절의 특징을 담아 분위기를 잡고, 국내 유명 디저트, 커

가나 초콜릿 하우스 시즌 3는 초콜릿을 즐기는 사계절을 테마로 잡아 4주 동안 각 1주씩 계절별
인테리어를 꾸미고, 계절에 어울리는 디저트, 커피 브랜드와 컬래버레이션한 식음료를 선보였다.

도쿄 오모테산도에서 열린 초콜릿 하우스 팝업.

피 브랜드와의 협업으로 계절별 스토리를 완성했다. 인테리어뿐 아니라 익스테리어에도 공을 들였고, 역대 최대인 150평 규모였지만 웨이팅이 끊이지 않았다. 20팀 한정으로 예약제로 운영되는 '쁘띠 가나 디저트 플레이트'는 예약 시작과 동시에 마감됐다.

프로듀서의 역량

공간의 밀도가 소비자의 몰입도를 결정한다. 다양한 감각 기관을 자극하는 공간의 흐름과 구성은 소비자를 이성에서 감성의 세계로 안내하고, 낯선 공간에 수반되는 경계심과 서먹함을 해제한다. 소비자가 느끼는 공간의 가치는 공간의 총체적 서사를 통해 결정된다.

공간이 전달하고자 하는 메시지는 명확하고 일관적이어야 한다. 아무리 좋은 말을 쏟아 내도 소비자가 한 공간에서 기억하는 메시지는 최대 한두 줄이다. 그 메시지는 직접적인 언어로 전달되지 않는다. 공간의 총체적 분위기, 즉 톤 앤드 매너를 통해 각인된다. 소비자는 대개 브랜드 공간의 공간감을 '인테리어'로 받아들인다. "인테리어 좋다"라는 소비자의 말은 공간 전반의 만족도를 나타낸다.

프로젝트 렌트와 언더웨어 브랜드 솔브SOLB가 협업한 '호텔 드 솔브HOTEL DE SOLB'는 자기 몸에 꼭 맞는 속옷을 아름답고 로맨틱한 환경에서 경험하고자 하는 여성의 판타지를 실현한 팝업이다. 오프라인에서 속옷을 살 때 다소 위축되는 경향이 있는데, 겉옷을 쇼핑할 때처럼 속옷 역시 로맨틱하고 쾌적한 환경에서 즐겁게 고르고 시착할 수 없을까? 사실 충분히 가능한 일이었다. 호텔 드 솔브는 MZ가 즐겨 찾는 부티크 호텔 라운지로 콘셉트를 잡았다. 브랜드 키 컬러를 기반으로 좀 더 로맨틱한 베이비핑크로 공간 전체의 분위기를 맞췄고 줄자, 성냥, 키링 등 굿즈로 사랑스러운 무드를 조성했다. 팝업용 로고를 별도로 디자인해 브랜드 아이덴티티가 다소 미약한 솔브에 새로운 세계관을 부여했다. 또한 '로맨틱룸'에서 자기 몸에 가장 맞는 속옷 사이즈를 찾을 수 있도록 배려했는데, 전문가가 조력하는 일대일 피팅 서비스는 예약 시작 즉시 마감되었다. 팝업 당시 보디 프로필이 유행이라 언더웨어 차림의 소위 '인생사진'이 SNS에 자주 등장했는데, 트렌드에 맞춰 패셔너블한 속옷을 입은 모습을 인스타그램에 올릴 수 있도록 인생네컷 포토존을 마련했다. 사회 정서상 속옷을 입고 찍은 사진이 다소 부담스러울 수 있었다. 디지털 스크린을 설치해 목선 위로 인형의 탈을 자동으로 씌워 시착자의 초상권을 보호했다. 호텔 드 솔브에는 여성 방문객을 향한 섬세한 배려가 공간 곳곳에 새겨져 있었고, 이 배려를 체감한 방문객들의 호평이 이어졌다.

조화는 아름다움의 토대다. 가장 예쁜 눈, 가장 예쁜 코, 가장 예쁜 입을 합하면 최고의 미인상이 만들어질 것 같지만, 실상은 그 반대다(무조건 기괴하다). 몸에 좋은 음식을 가리지 않고 막 먹으면 오히려 건강을 잃는 것과 마찬가지다. 의욕이 과해 브랜드 공간에 좋다는 걸 다 집어넣으면 공간의 가치는 하향 평준화된다. 공간 비즈니스에 만점은 없다. 내가 생각하는 최고점은 B⁺다. 물론 예산이 막대하다면 A⁺로 갈 수는 있겠지만, 하이엔드로 가는 과정에서 비

호텔 드 솔브는 MZ 세대가 즐겨 찾는 부티크 호텔 라운지로 콘셉트를 잡았다.

즈니스 손익은 곤두박질할 것이다. 비즈니스는 만점을 향해 달리
는 시험이 아니다. 소비자가 인정할 만한 적정선에서 타협해 수익
과 만족도를 최대화하는 노련한 선택의 연속 과정이다.

    그래서 소환되는 것이 중용의 미덕을 가진 프로듀서의 역량이
다. 프로듀서는 예술적 재능을 펼치는 창작자가 아니라 공간 구성
요소 간의 트레이드오프를 주관하는 중재자다. 오케스트라를 구성

하는 음악가들이 아무리 천재적이어도 그들의 역량을 최적화할 지휘자가 없다면, 청중이 감동하는 선율은 만들어지지 않는다. 공간의 최적화는 프로듀서에게 의존한다. 결국 사람에게 주목해야 하는 이유다.

일 잘하는 프로듀서는 디테일에 밝다. 일의 완성도는 디테일에서 온다. 한 프로젝트를 처음부터 끝까지 현장에서 완수해 본 사람은 디테일의 무서움을 안다. 디테일은 당장 보이는 일만 해결하려할 때는 잡히지 않는다. 일의 영역을 한정하지 않고, 일의 완성도를 조망하며, 일 자체에 자신을 기투projection할 때 디테일의 본질이 체화된다. 하라 켄야는 말했다.

"본업이 아닌 활동에는 사실 미래가 잠들어 있다. 당장은 도움이 안될 것 같아도 몸을 던져 하는 행위에는 일의 본질이 숨어 있다."

나는 실행해 보지 않은 기획자를 믿지 않는다. 디테일은 축적된 현장 경험에서 온다. 책상에 앉아 산더미처럼 쌓인 데이터를 밤새워 분석한다고 얻어지는 것이 아니다. 부딪히고 도움받고 실패하고 무너지고 다시 하기를 반복하는 지난한 과정을 통해 실행의 디테일은 축적된다. 너도나도 기획자가 되고 싶다고 이야기하지만, 실행의 디테일이 뭔지 알만큼 고생하려 하지 않는다. 진짜 기획자는 잡부여야 한다. 나는 성수동의 '스티브 잡부'다.

피팅룸 안에 고객이 패셔너블한 속옷을 입은 자신의 모습을 남길 수 있도록 인생네컷 포토존을 마련했다.

서비스 공간

커뮤니케이션 기반의 사고 전환

SERVICED SPACE

오직 방문자를 위해
설계된 공간

좋은 질문이 의미 있는 답을 만든다. 비즈니스는 문제 해결의 연속이다. 질문 없이 문제의 답을 찾을 수 없다. 그런데 비즈니스 현장에 있는 사람들은 대개 질문하지 않는다. 무작정, 그리고 빨리 움직인다. 질문하지 않는데 의미 있는 답이 나올 리 없다.

'공간은 무엇을 위해 설계되었는가?' 이 단순한 질문은 무거운 결과를 가져온다. 설계의 목적성에 따라 공간의 정의와 접근 방식이 달라지기 때문이다. 2018년 세계 최대 규모의 리테일이라 불리던 126년 전통의 미국 시어스 백화점이 파산했다. 이어 JC페니, 로드앤드테일러 등 매머드급 리테일이 줄지어 붕괴했다. '리테일의 위기'를 정면으로 마주하며, 판매 기반의 수익 창출 채널로 기능하던 공간은 한계에 봉착했다. 대중이 온라인 쇼핑에 익숙해지기 시작하면서 세일즈형 리테일은 존재 의미를 잃었다. 판매 외 다른 목적성을 부여하지 않으면 공간의 존립 자체가 불투명한 상황이다. 이제 리테일의 위기 너머 리테일의 종말을 경험하는 중이다.

시장이 불확실하고 암울할수록 파괴적인 변화가 필요하다. 시장의 변화가 예측될 때는 굳이 파격적인 선택을 하지 않아도 괜찮지만, 지금은 그런 시대가 아니다. 불확실성이 팽배할수록 선택은 용감해야 한다. 누구에게도 미움받지 않으려는 안전한 선택이 최악의 결과를 가져온다. 보통 문명의 근간을 흔드는 패러다임의 전환이 10년 주기로 일어난다고 하지만, 지금은 패러다임의 전환 너머 패러다임의 폭발이 나날이 이루어지고 있다. 파괴적인 변화가 일상이 되어 버렸다.

그러므로 우리가 알고 있던 세일즈형 리테일은 끝났다. 브랜드 공간에서 이루어지는 활동 대부분은 커뮤니케이션의 연결선상에 있다. 예를 들면 온라인 편집숍 29CM의 큐레이션 쇼룸 '이구성수'나 인테리어 소품숍 'TTRS'는 상품을 전시하고 고객이 상품을 체험하는 장소로 설계되었다. 이구성수나 TTRS는 판매를 목적으로 하지 않는다. 브랜드 경험을 확장하고, '더 나은 선택을 위한 가이드'라는 브랜드 아이덴티티를 강화해 고객과의 정서적 연대를 추구한다. 자라나 H&M 뉴욕점도 매장 내 판매 기능을 상당 부분 덜어 냈다. 시착 서비스에 중점을 둔 쇼룸으로 매장 성격을 전환했고, 최소한의 상품을 보유해 재고 부담을 줄였다. 이렇듯 구매 행위 자체를 제거한 오프라인이 늘어나는 추세다. 오프라인에서 상품을 경험하고, 온라인에서 상품을 구매하는 쇼루밍showrooming족의 등장과 함께 온·오프라인의 역할이 재정의되고 있다.

새로운 오프라인 공간은 브랜드 커뮤니케이션을 전제로 한다. 팝업은 브랜드 커뮤니케이션에 특화되어 한정적으로 운영되는 공

온라인 편집숍 29CM의 큐레이션 쇼룸 이구성수. ⓒ 29CM

29CM가 운영하는 인테리어 쇼품숍 TTRS. © 29CM

간이다. 공간의 모든 요소가 소비자에게 물건이나 상품을 팔기 위해서가 아니라 서비스를 제공하기 위해 존재한다. 물론 팝업에서도 구매 행위는 일어난다. 다만 이 구매는 커뮤니케이션의 결과일 뿐, 전통적 리테일에서 이루어지는 기능적 행위와는 다르다. 예를 들어 외제 차 브랜드의 쇼룸은 잠재적 혹은 실질적 소비자가 머물다 갈 수 있는 공간으로 설계된다. 누구나 자유롭게 구경하고 가볍게 다과를 즐기며 원하는 자동차 모델을 상담받는다. 자동차는 식료품처럼 즉시 구매할 수 있는 상품이 아니다. 서비스형 공간은 물건을 팔려고 애쓰지 않는다. 품위 있는 접객으로 인게이지먼트를 강화하는 데 집중한다. 소비자의 호기심을 끌 만한 이야기와 체험 요소를 부각해 브랜드 선택에 대한 확신을 주고, 브랜드와 소비자의 라포를 키워 서로를 존중하게 한다. 브랜드에 동화된 소비자는 언젠가 그 브랜드의 자동차 딜러를 찾는다. 결국 최종적으로 구매 행위가 일어난다.

모든 공간 경험이
곧 브랜드다

　　　　　　　상품을 팔지 않는 공간에 존재하는
모든 구성 요소는 서비스이자 콘텐츠다. 서비스란 공간 내에서 소
비자가 겪는 모든 경험을 총칭한다. 재차 강조하듯, 오늘날의 팝업
은 고객에게 상품을 팔기 위해 설계되지 않는다. 그 공간은 방문자
의 경험을 위해 설계된다. 따라서 물리적으로 화려하고 멋진 공간
을 만드는 것보다, 그 공간을 부러 찾아가게 하는 것이 관건이다.
오프라인은 확실한 방문 근거를 만들어 사람들에게 선택받기 위해
치열하게 경쟁한다. 크고 화려한 공급자의 자기과시적 공간을 요
즘 소비자는 반기지 않는다. 그런 공간은 이미 차고 넘친다.

　인류 문명사에서 의미 있게 전수된 공간은 권력, 힘, 자본을 가
진 자들의 욕망을 실현하고 충족하기 위한 결과물이었다. 신을 기
리고 종교의 권위를 보여 주기 위해 만든 파르테논 신전, 황제의 권
위와 위세를 과시하기 위해 만든 자금성과 콜로세움, 국가와 도시
의 브랜드 가치를 높이기 위해 만든 엠파이어 스테이트 빌딩과 동
대문디자인플라자 등을 떠올려 보라. 지금 우리에게 필요한 공간
은 생산자와 힘을 가진 소수의 만족에 국한된 곳이 아니다. 예컨대
뉴욕의 명소가 된 베슬The Vessel은 관광과 도시의 브랜드 가치 향상

토머스 헤더윅이 설계한 베슬. ⓒ Epicgenius via Wikimedia Commons. CC BY-SA 4.0.

을 목적으로 설계되었다. 정교한 벌집 형태의 구조물은 '현대판 레오나르도 다빈치'라 불리는 영국의 디자이너 토머스 헤더윅Thomas Heatherwick의 작품으로, 허드슨 야드 재개발 프로젝트의 일환이었다.

판매를 위한 공간인가? 서비스, 즉 브랜드 커뮤니케이션을 위한 공간인가? 공간이 마케팅 커뮤니케이션을 위해 존재한다면, 그 공간의 모든 체험 요소가 곧 브랜드 경험이 된다. 인테리어, 공간감, 접객 등 공간을 구성하는 모든 기능이 서비스화되어 한목소리로 메시지를 전달할 때 소비자의 인식이 바뀐다. 서비스의 총체적인 완결성이 브랜드 마케팅의 성패를 가른다.

우리가 특정 대상에 대한 고유한 인상을 받기까지는 그리 오랜 시간이 걸리지 않는다. 그 대상이 사람이든 공간이든 다르지 않다. 불과 30여초로 상대방에 대한 인지는 형성되고, 설령 그 인지가 오류일지라도 한번 형성된 인상은 쉬이 바뀌지 않는다. 그래서 공간의 모든 것은 방문자, 즉 고객을 위해 설계되어야 한다. 브랜드는 소비자를 설득하기 위해 데이터, 설문조사 등 다양한 참고 자료를 사용한다. 전달하고자 하는 말의 요지는 한두 줄로 요약할 수 있지만, 참고 자료는 거칠게 요약할수록 의미 전달 효과가 떨어진다. 서비스 콘텐츠의 성격을 가졌기 때문이다.

한 번쯤 눈에 크게 띄지 않는 디테일을 마주하며 그 사람에, 그 공간에 감탄해 본 경험이 있을 것이다. 그런 디테일을 확인할수록 팬심이 동한다. 간접적 서비스의 우아한 저력이다. 우리는 다양한

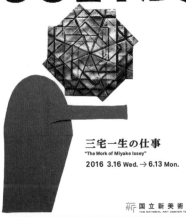

2016년 도쿄 국립신미술관에서 열린 '이세이 미야케 회고전'. 전시장 직원도 전시를 위해 특별히 만든 이세이 미야케 브랜드의 옷을 입는 등 모든 요소에서 브랜드 아이덴티티를 살렸다.

참고 자료가 만들어 낸 공간감으로 그 브랜드를 인지한다. 에르메스, 샤넬과 같은 명품 브랜드가 직원의 옷매무새부터 카펫의 감촉, 은은한 향기, 조도 하나하나까지 신경 쓰는 이유다. 2016년 도쿄 국립신미술관에서 열린 이세이 미야케 전시에서는 모든 직원이 특별한 옷을 입고 있었다. 오직 그 전시를 위해 만든 직물로 디자인한 옷을 입었다. 직원들은 살아 움직이며 이세이 미야케라는 선도적인 패션 브랜드를 표상했다. 코스트코 매장에 가면 특유의 향 덕분에 이국적인 느낌에 사로잡히는 것도 같은 맥락이다. 라스베이거스 아리아 리조트 앤드 카지노ARIA Resort & Casino는 리조트만의 향을 개발해 공간을 규정하는 아이덴티티로 활용한다. 공간의 모든 것은 서비스 관점의 콘텐츠로 재해석되어야 한다. 의식적이든 무의식적이든, 방문자는 공간에서 마주하는 모든 것을 서비스 콘텐츠로 인식한다.

코비드19발 팬데믹 쇼크는 우리가 공간을 소비하고 인지하는 방식을 바꿨다. 국가 간 이동이 제한되며 해외여행의 길이 막혔고, 라이프스타일에 변화가 찾아왔다. 외국에 나가지 못한 사람들이 단지 크고 멋지고 인테리어가 잘된 공간이 아니라 메시지가 담긴 좋은 공간을 찾았다. 공간을 소비의 대상으로 인식하기 시작한 것이다. 어지간한 호텔보다 비쌀지라도 이야기가 있는 지역 숙소를 찾아 소비하는 데 가치를 두자, 로컬 기반 큐레이션 예약 플랫폼 '스테이폴리오stayfolio'가 주목받기도 했다.

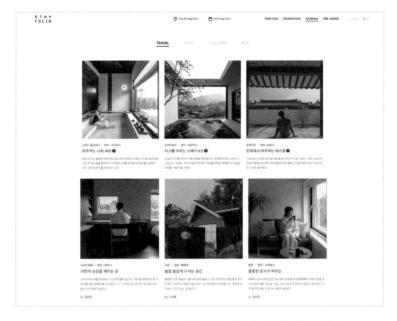

로컬 기반 큐레이션 예약 플랫폼 스테이폴리오에서 발행하는 웹 저널. © STAY FOLIO

기능으로 따지면 호텔과 모텔은 차이가 없다(잠을 자면 그만이다). 공간의 가치는 서비스 콘텐츠로 결정된다. 서비스 콘텐츠는 공간의 모든 요소다. 사람들은 좋은 공간에 익숙하고 그 공간을 즐길 줄 안다. 이제 공간을 만들 때 공간 자체의 마케팅 가치를 고민할 수밖에 없다. 좋은 공간은 목 좋은 자리에 있는 쓰기 쉬운 건물이 아니다. 구전될 만한 풍부한 이야기가 있는 장소다. 성수동의 디올, 젠틀몬스터, 탬버린즈는 공간 자체가 아름답기도 하지만, 시각적 아름다움 너머 그 공간에 얽힌 이야기로 사람들에게 즐거움을 준다.

서비스 애티튜드

　　　　　　　　　　고객에게 감동을 주는 데 빼놓을 수 없는 것이 응대 서비스다. 실제 팝업에서 방문자가 브랜드 만족도를 느끼는 큰 축은 접객hospitality이다. 접객은 미묘하다. 미묘한 만큼 정답이 없다. 사람들은 무작정 친절하면 부담을 느끼지만, 불친절한 건 또 못 참는다. 그렇다면 친절함이란 무엇인가? 친절함의 적합성은 공간의 목적과 연계된다. 접객은 공간의 콘텍스트에 따라 상당히 이질적인 모습으로 구현된다. 직원이 최대한 많은 정보를 전달하는 게 좋은 공간이 있고, 반대로 직원의 개입을 최소화해야 가치 있는 공간도 있다. 요컨대 공간의 목적과 콘텍스트에 따라 친절함, 즉 접객의 정의는 다르게 쓰인다.

　음식점을 예로 들어 보자. 아무리 맛이 좋아도 접객에 만족하지 않으면 그곳을 다시 찾지 않는 게 자의식 높은 요즘 소비자다. 대체재는 충분하다. 동네 식당이든 레스토랑이든 카페든 마찬가지다. 직원의 서비스가 고객이 느끼는 공간 만족도의 상당 부분을 결정한다. 이러한 특성은 미슐랭 등급에서 도드라진다. 미슐랭 1스타는 셰프의 뛰어난 기량으로 선정될 수 있으나 미슐랭 2, 3스타는 맛만으로 불가능하다. 매니저와 직원의 서비스, 청결, 음향, 조도, 향, 인테리어 등 총체적인 공간 경험이 중요하다. 예를 들어 파인 다이닝 직원은 서비스 제공자로서의 존재감이 최대한 드러나지 않아야 한다. 공기 같은 존재감으로 방문자의 편의를 돌볼수록 훌륭한 접객이라 평가받는다. 반면 직원의 존재감을 경험하기 위해 들리는 공간도 있다. 욕쟁이 할머니의 걸쭉한 입담으로 유명한 맛집이나 음료에 재기 발랄한 상말을 써 웃음을 주는 카페를 떠올려 보라. 공간이 가진 저마다의 특성에 따라 좋은 접객의 기준이 달라진다.

마스다 무네아키가 설계한 쓰타야는 상품을 '판매하는 장소'가 아니라 '매입하는 장소'다. 공급자 중심이 아니라, 소비자 중심의 공간이라는 말이다. 플랫폼 과잉 시대의 리테일은 제안 능력이 있어야 빛을 발한다. 쓰타야의 접객은 소비자가 더 나은 선택을 할 수 있도록 '제안'하는 데 초점이 맞춰져 있다. 단순 제품이 아니라 궁극적으로 라이프스타일을 파는 쓰타야로서는 일관적인 태도다. 마스다는《지적자본론》에서 '지적자본'이라 명명한 서비스 제공자의 가치를 역설한다. "고객에게 높은 가치를 부여할 수 있는 상품을 찾아 주고, 선택해 주고, 제안해 주는 사람. 그것이 서드 스테이지에서 매우 중요한 고객 가치를 낳을 수 있고, 경쟁에서 우위에 설 수 있게 해 주는 자원이다." 쓰타야는 일본 내 1,400여 개의 지점을 보유하고 있다. 그중 다이칸야마 티사이트T-SITE는 교토의 명소 닌나지仁和寺 사찰을 연상시킨다며 세간의 호평을 받았고, 로컬의 자연과 문화적 정서를 공간이 고스란히 흡수한 사례로 꼽힌다.

마스다 무네아키가 설계한 쓰타야 다이칸야마 티사이트. ⓒ 蔦屋書店

    이렇듯 또렷한 목적성이 있는 공간은 이야기를 만들고, 그 이야기는 바이럴로 퍼져 나간다. 자발적인 바이럴은 소비자가 공간에서 받은 감동과 놀라움에 기초한다. 내가 만족한 경험과 감정을 타인과 공유하려는 욕구는 건전하다. 좋은 콘텐츠로 개인 채널을 홍보하고 사람들과 소통하려 하는 욕구는 자연스럽다. SNS는 현재 가장 강력한 마케팅 플랫폼이다. 다른 이가 동경하고 궁금해할 만한 이야기가 자신의 프라이드와 인정 욕구를 완성하는 시대다. 단지 예쁘게 잘 찍은 사진만으로는 게시물을 만들 수 없다. 멋진 이야깃거리가 있어야 가치 있는 게시물이 완성된다.

진심

브랜드 커뮤니케이션에서 가장 중요한 것

SINCERITY

데이터 드리븐 Data Driven 의 역설

혁신은 비즈니스의 결과다. 설령 혁신에 이르는 과정이 야비하고 지리멸렬할지라도 그건 별문제다. 세상이 놀랄 만한 결과물을 만들면, 아름답지 못한 과정은 오히려 혁신이라는 신화를 떠받치는 근거가 된다. 결과주의를 예찬하는 게 아니다. 과정이 결과의 대척점에 있는 것도 아니다. 다만 '과정이 결과보다 중요하다'는 경도된 인륜적 마인드가 자본 시장에서 얼마나 유효한지 궁금할 뿐이다. 비즈니스 과정이 바르고 아름다워 혁신적이라 칭송받는 기업이나 브랜드를 본 적이 있는가?

흔히 기업가가 가져야 할 미덕으로 문제 해결력을 꼽는다. 절반은 동의한다. 인간이 문제를 해결하며 성장하듯, 기업가도 문제를 해결하며 역량을 키운다. 그러나 문제 해결에 치중하면 일을 대하는 시야가 좁아진다. 멀리 보는 혜안 없이 조직을 운영하는 건 아무래도 위태롭다. 직원이 한 명이든, 1,000명이든 기업의 대표는 문제 해결 그 이상의 능력과 비전을 가지고 있어야 한다. 그래야 안 망한다.

어쩌면 문제 해결력은 실무자의 미덕이다. 기업가의 미덕은 새로운 관점으로 문제를 만드는 능력, 즉 문제 창안력이 아닐까 한다. 철학자 서동욱 교수는 《철학은 날씨를 바꾼다》에서 말한다. "문제를 해결하는 일과 비교할 수 없을 정도로 어려운 일은 바로 문제를 발명해 내는 일이다. 사람들은 문제 해결이 인생의 가장 어려운 모험인 듯 도전하지만, 자신이 매달리는 그 문제란 누군가가 더 험난한 길 속에서 이미 창안해 낸 것이라는 사실을 종종 잊는다." 치열하게 고민하며 세상이 놀랄 만한 화두를 만들 때, 혁신의 문이 절반 열린다. 문제를 만드는 지난한 과정 없이 누구도 혁신가가 될 수 없다. 비즈니스의 과정과 결과는 뫼비우스의 띠처럼 얽혀 있다. 시작점도 도착점도 없다.

성인의 깨달음처럼 문제는 한순간에 만들어지지 않는다. 흡사 근면한 과학자의 노동의 대가처럼 문제는 생성된다. '유레카!'라는 사건은 골똘히 연구하는 시간의 연속선에서 만들어진다. 우리는 과거를 반추하며 미래를 설계한다. 과거와 현재의 끊임없는 대화 과정이 역사다. 역사의 속성은 현재 진행형에 있고 과거, 현재, 미래의 경계는 흐릿하다.

데이터는 문제 창안에 실질적 영감을 주는 뮤즈다. 모든 데이터는 과거의 영역이다. 데이터 기반의 의사결정은 최소한의 건전성을 보장하지만, 언제나 최선의 결과로 이어지는 것은 아니다. 데이터는 중립적인 숫자일 뿐 그 숫자를 가치 있게 만드는 것은 해석이다. 유의미한 데이터의 필요충분조건은 가설이다. 모든 가설은 참과 거짓의 진리치를 갖고, 안목 있는 설계자는 참인 가설을 만든다. 가설을 현실로 증명한 것이 유의미한 예측이다. 가설의 설계자는 두 관점에 의존하는데, 하나는 '직관'이고 다른 하나는 '인과 관계'다. 데이터의 표면적 의미에 현혹되지 않는 직관, 긴 안목으로 조망한 인과 관계 해석에 따라 데이터의 가치가 달라진다.

데이터는 크게 정량적 지표와 정성적 지표로 나눌 수 있다. 정량적 지표는 소비자의 공간 몰입도와 주목도를 수치화한 값이다. 방문자 수, 머문 시간, 구매율 등이 정량적 지표에 속한다. 프로젝트 렌트는 진행하는 대부분의 팝업에서 정량적, 정성적 지표를 측정한다. 팝업 공간에 설치한 AI 카메라 렌즈나 센서가 방문객의 움직임을 인식하고, 다양한 데이터를 수집, 분석하고 있다. AI 카메라 구동이 완벽한 것은 아니어서 내부 직원이 방문객 수를 따로 기록해 오차를 줄인다.

정성적 지표는 팝업을 통해 방문자의 브랜드 인식이 얼마나 바뀌었는지를 측정한 데이터다. 인식의 변화와 깊이를 다루는 지표는 방문객 설문조사와 리뷰를 토대로 한다. 렌트는 팝업 방문객들을 대상으로 '팝업스토어의 메시지가 전달됐는가? 이 팝업을 재방문할 의사가 있는가? 팝업을 통해 브랜드 이미지가 바뀌었는가? 지인에게 이 공간을 소개하고 싶은가?' 등을 묻는다.

일인칭 시점과
조사로 드러나는 본심

어느 대형 팝업의 일평균 방문객이 10만 명이라고 가정해 보자. 10만이라는 폭발적인 방문자 수가 팝업의 성공을 말해 주는가? 방문객 대부분이 공간 콘텐츠에 실망하고 과열된 혼잡도에 불쾌감을 느꼈다면, 방문자 수를 성공의 지표로 삼을 수 있을까? 10만 명이라는 데이터는 그 사람들이 브랜드의 팬인지, 안티팬인지를 보여 주지 않는다.

반면, 하루 100명이 방문한 소형 팝업이 있다. 브랜드가 전달하고자 하는 메시지가 밀도 있게 녹아든 공간에 방문객이 한 시간 이상 머무르며 브랜드와 소통한다. 방문자 모두가 팝업을 다시 열면 재방문하겠다고 한다. 브랜드 공간에 감동하고, 브랜드 메시지에 동화된 방문자가 개인 채널에 그날의 경험을 자발적으로 홍보한다. 100명 중 100명이 감동한 팝업은 발 없는 말이 되어 지역과 국가에 구애받지 않고, 소속감과 연대감과 공통감을 연료 삼아 퍼져 나간다. 정보가 민주화되는 인프라를 갖춘 온라인의 저력이다.

언어는 사유의 집이다. 판촉형, 모객형 팝업과 IMC형 팝업은 방문객 리뷰가 다르다. 브랜드 커뮤니케이션에 성공한 팝업에서는 소비자의 브랜드 인식이 긍정적으로 변화한다. 그 변화는 리뷰를

통해 꽤 노골적으로 드러난다. 싫은 마음은 숨겨도 호감은 숨기기
어렵다.

상업용 홍보 글이 넘치는 세상인지라 실제 방문객의 진심 어
린 리뷰가 귀한 것도 사실이다. 5년여간 팝업 현장에서 정성적 지
표를 설문하면서, 문장에는 어떻게든 그 공간에 동화된 사람의 마
음이 담긴다는 것을 발견했다. 즉 진심 어린 리뷰에는 두 가지 공
통점이 있는데, 하나는 문장의 관점이 '일인칭 주인공 시점'이라는
것이고, 다른 하나는 '조사' 의존도가 높다는 것이다. 조사는 명사
와 달리 독립적으로 쓰이지 못한다. 조사는 연결과 관계를 표시하
는 품사로, 문장 내 특별한 의미를 더한다. 즉 관계성 안에서만 가
치를 발한다. 다음의 문장 사례를 참고하면 이해에 도움이 될 것
같다.

일인칭 주인공 시점의 리뷰 문장

"굿즈를 보자마자 생각했어요. 오늘 여기서 나가기 전에 저 하이볼
잔 내가 사고 만다."

"이 퀴즈를 풀면서 많이 반성했습니다…."

"최대한 플라스틱을 쓰지 않는 것이 정답임을 확실히 깨달았다!"

"세상의 다양한 삶과 문화에 대해, 사물을 바라보는 각자의 시선과
해석의 다름에 대해 생각했다."

"모든 공간이 저를 위해 준비된 것 같은 느낌이 드는 거 있죠."

"생각지 못한 이벤트를 경험해 생일인 기분이다."

"나는 이 공간을 누릴 자격이 되는가?"

관계성을 나타내는 조사 의존도가 높은 리뷰 문장

"인테리어도 넘 이색적이고 예뻤어요."

"다음에도 또 만날 수 있으면 좋겠다."

"공간이 협소해서 기대 따위 안 했는데 생각보다 고퀄이라 놀랐다."

"다른 팝업스토어와는 다르게 여운이 길게 남았던 팝업!"

"짧은 시간 운영되는 가게인데도 콘셉트가 제대로다!"

"상설 매장도 방문해 보겠다."

"와, 서울 팝업보다 더 멋진 것 같아요."

"인간이 말을 하는 것은 오직 인식하기 위해서만은 아니다. 인간은 말함으로써 인식되고자 한다." 막스 피카르트가 쓴 《인간과 말》의 한 대목이다. 우리는 말을 통해 관계 맺는다. 말을 통해 브랜드가 소비자를, 소비자가 브랜드를 인식한다. 한 사람의 본심은 언어의 행간에 숨어 있다. 그 사람이 쓰는 단어와 말에 그 사람의 마음이 묻어나는 것은 언어를 존재 양식으로 삼는 인간의 특징이다. 공간을 설계하고 구성한 사람으로서 내가 감동받은 방문객 리뷰는 "디테일 장인들이 만든 팝업이다", "이 사람들 초콜릿에 진심이다", "대기업이 대기업한 팝업이다"와 같은 문장들이다. '진심'은 상업 공간 방문 리뷰에서 좀처럼 나오지 않는 단어다.

콘텍스트 기반으로 사람들의 피드백을 분석해 더 많은 정보를 찾아야 한다. 생산자 관점에서 팝업을 열었다는 사실에 만족하지 말고, 소비자의 이야기를 경청하기를 권한다. 팝업은 수단이지 목적이 아니다. 소비자의 피드백에서 그들의 본심과 더 많은 마케팅 인사이트를 발견해야 한다.

그대들은 어떻게 일할 것인가:
오센틱authentic

                팝업은 단순한 판촉이 아니라 커뮤니케이션의 장이다. 팝업은 B2B가 아닌, B2C 혹은 D2C 관점의 커뮤니케이션을 실험하기에 가장 의미 있는 공간이다. 또한 마케팅적으로 유의미한 고객 데이터의 보고다. 의미 있는 데이터 산출이 얼마든지 가능하므로, 정성적 관점에서 다양한 가설을 생산하고 진화시키는 기회로 삼아야 한다. 팝업은 고객 중심의 마케팅 전략을 실행할 수 있는 최적의 기회다.

    바야흐로 브랜드의 전성시대다. 개인도, 제품도, 회사도, 도시조차도 브랜드가 되는 시대에 우리는 살고 있다. 현대인의 삶이 브랜드에 둘러싸여 있다고 해도 과언이 아니다. 모두가 브랜드를 만들고, 브랜드를 소비한다는 것은 시장의 과열된 경쟁 양상을 시사한다. 더욱이 어떤 정보든 일단 공개되면 24시간 내 모두가 아는 세상이다. 그럴듯한 포장이나 잘하는 척으로는 브랜드가 살아남기 어렵다. 아무리 우아한 말로 포장해도 그들의 행위로 진위가 판가름이 난다. 더욱이 기업이 브랜드 차별성을 강요하듯 과시하는 풍조에 소비자의 피로감이 켜켜이 쌓여 간다.

    현실이 낙관적인 것은 아니지만 그렇다고 낙담할 필요는 없다.

시장의 가능성은 무한하다. 시장은 무수히 세분되어 쪼개질 수 있다. 시장 세분화market segmentation를 통해 자기 정체성에 맞는 독보적인 영역을 찾아 대체 불가능해지면 어떤 브랜드와도 경쟁할 필요가 없다. 바로 이 지점이 싸움의 기술을 설파하는 불멸의 고전《손자병법》이 주장하는 승리의 조건이다. 싸우지 않고 이기는 유일한 방법은 절대 우위의 자리를 선점하는 것이다.

소비자에게 존중받지 못한 브랜드는 한두 해 안에 사라진다. 이제 소비자는 브랜드에 진심을 요구한다. 가장 개인적인 것이 가장 창의적이듯, 가장 개인적인 브랜드의 진심이 브랜드를 유일무이한 반열에 오르게 한다. 브랜드의 진심은 확고한 아이덴티티 없이 전달되지 않는다. 브랜드의 비전과 철학이 가벼운 말이 아니라 진중한 행동으로 옮겨지고, 그 행동의 결과를 소비자가 브랜드 경험으로 체감할 때 전달된다. '진짜'와 '가짜'의 경계가 희미해진 시대에 진짜를 결정하는 것은 세계관이다. 피자를 피자답게, 오코노미야키를 오코노미야키답게 만드는 것은 '피자의 세계관' 안에서, '오코노미야키의 세계관' 안에서 이루어지는 활동이다. 재료나 레시피로는 두 요리의 정체성을 명확히 구분 짓기 어렵다.

브랜드를 브랜드답게 만드는 것도 그들의 세계관이다. 제조업 관점의 물리적 결과물이 브랜드의 본질을 말하는 시대는 지났다. 브랜드의 생각과 행동이 브랜드다운 사상을 만들고, 그 행보가 소비자의 마음을 움직인다. 브랜드는 자의식이 확고할수록 진심을

프로젝트 렌트 1호점.

숨기지 못한다. 애플은 진심으로 인간을 사색하고, 파타고니아는 진심으로 지속가능성을 본다. 아이폰은 애플의 사색과 비전을 담은 결과물이다. 옷 좀 사지 말라고 다그치는 파타고니아의 캠페인은 너무나 그들다워 소비자를 매료시킨다. 진심은 언제나 낭만적인 구석이 있다.

브랜드 세계관에 동조한 이들이 자발적인 인플루언서가 되어 바이럴을 만든다. 애플은 소위 '덕심' 가득한 사용자를, 파타고니아는 의식 있는 구매자를 양산한다. 기술에 매몰되지 않는 독자적인 세계관을 만들고, 그 생각을 존중하는 이들이 충직한 고객이 되어 브랜드 아이덴티티를 강화하는 선순환, 브랜드와 소비자의 이상적인 모습이다.

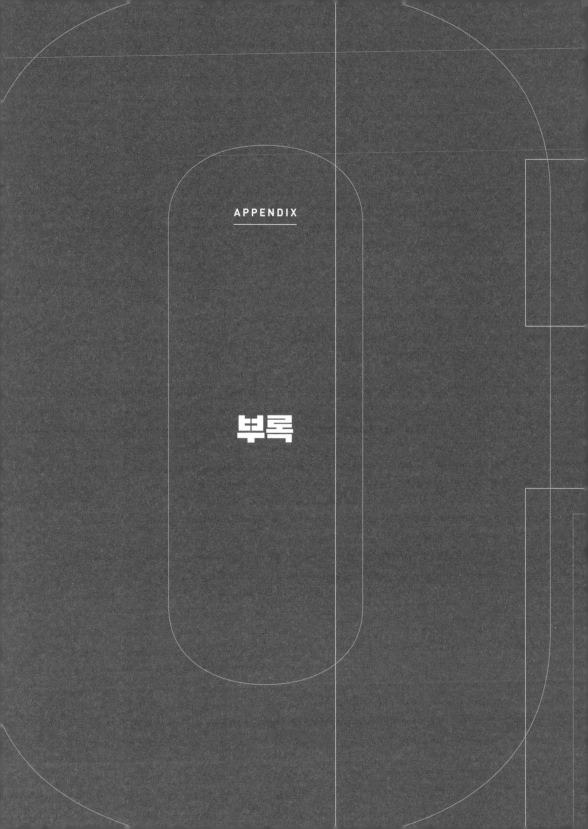

APPENDIX

부록

동시대 비즈니스 플레이어들이 말하는
오프라인의 현재와 미래

INTERVIEW

살아 있는 브랜드와 관계 맺는 진짜 경험의 공간

최소현

네이버 디자인·마케팅 부문장

사진 윤선웅(에스플러스튜디오)

의식주휴미락衣食住休美樂. 삶의 모든 영역을 막론하고 브랜드가 넘쳐 난다. 무수한 선택지 중 하나를 고르는 것, 많은 대체재 사이에서 고객에게 선택받는 것, 선택하는 사용자나 선택받는 공급자나 어렵기는 마찬가지다. 기업은 의미 있는 고객 경험을 통해 소비자와 브랜드와 연결하고, 관계를 지속하는 다양한 장치를 만들어 인게이지먼트 강도를 높이고자 한다. 그러나 고객의 눈높이는 점점 더 높아지고, 미디어 채널의 독점력도 약화되어 투자자본수익률을 가늠하기 어렵다.

이러한 시대에 오프라인과 팝업스토어는 단순한 판매의 장소가 아니다. 브랜드와 소비자 간의 직접적인 상호 작용을 가능하게 하고, 브랜드 경험을 제공하는 중요한 매개체다. 엔데믹 이후 더 고도화된 이 공간들은 브랜드를 가장 매력적으로 보여 준다. 그뿐만 아니라 개인화되고 맞춤화된 경험을 통해 고객과의 감정적 연결을 강화하고 브랜드 충성도를 높이는 역할을 한다. 각기 다른 장소성으로 브랜드의 환기가 가능하고, 공간 연출을 통해 기존 이미지의 극대화나 반전을 모두 꾀할 수 있다. 물리적 공간과 가상 세계 간의 연결 장치로 경험을 확장할 수 있으므로 시공간의 제약을 뛰어넘는 기획도 가능하다.

온라인 콘텐츠만으로는 사람들에게 충분한 브랜드 경험을 주기 어렵다. 나를 사랑해 달라고 아무리 손을 들어도 잘 보이지 않는 요즘, 오프라인과 팝업은 마케팅과 브랜드 전략에 있어 중요한 역할을 하며, 시장에서 독특하고 차별화된 위치를 확립하는 데 기여한다.

오프라인과 디지털 플랫폼의 결합은, 다면적 관점으로 고객 경험을 해석하고 경험의 깊이와 밀도를 높이는 기폭제가 될 수 있다. 경험을 구현해야 하는 마케터나 디자이너는 두 경험을 보완하고 강화하는 기획으로 온·오프라인의 경계를 허물면서 동시에 각각의 세계가 가진 분명한 매력을 찾아야 한다.

온라인에서 수집된 고객 데이터를 분석해 오프라인 최적화에 활용하고, 데이터 흐름을 양방향으로 가능하게 만들어야 한다. 증강

현실AR, 가상현실VR, 사물인터넷IoT을 비롯한 다양한 기술로 온·오프라인의 경계를 넘나드는 몰입감 있는 경험을 설계하는 것이 중요하다.

SNS 등 경험을 공유하고 연결하는 서비스를 활용해 팝업에서의 경험을 온라인으로 확장할 수도 있다. 이렇게 되면 고객이 언제 어디서든 브랜드와 소통하고, 물리적 공간에서 만나지 못한 커뮤니티에도 참여할 수 있다. 물론 극적인 몰입과 실재 공간 경험의 희소성을 위해 오히려 연결을 차단하고, 오롯이 그 순간을 경험하게 하는 방향으로 브랜드 경험을 설계할 수도 있다. 결국 중요한 것은 커뮤니케이션의 연결성이다. 경험을 만드는 이들에게 팝업스토어는 설레는 일이지만, 대상 청중을 깊이 파악해 낯설지만 익숙하고 독립적이면서도 연결된 경험을 만드는 방법을 지속적으로 모색해야 한다. 그러려면 만드는 이 스스로 다양한 경험을 멈추지 않아야 한다.

팝업스토어를 브랜드 콘텐츠 플랫폼으로 활용하는 프로젝트 렌트는 팝업을 통해 브랜드의 이야기를 직접적이고 효과적으로 고객에게 전달한다. 렌트는 오프라인 공간만이 가진 잠재력을 재해석하여 섬세한 경험 가치를 창출하고, 브랜드와 고객 간 상호 작용의 밀도를 높이도록 돕는다. 일시적이지만 독특하고 기억에 남는 강력한 경험을 제공하며 고객의 인식에 브랜드를 강하게 포지셔닝한다. 렌트가 만든 팝업을 방문한 경험자들은 그 경험을 자기 관계망에서 바이럴로 퍼트린다. 이를 통해 브랜드의 고객 저변은 확장된다. 기존 관계를 단단히 할 뿐만 아니라 생각지 못했던 잠재 고객들과 느슨한 연결을 맺으며, 브랜드를 진화시킨다.

우후죽순 올라오는 팝업에 '팝업 무용론'을 주장하는 목소리도 있다. 그러나 브랜드와 고객 간의 밀착 경험을 제대로 만들면 팝업의 전과 후 브랜드의 지속가능성은 달라진다고 믿는다. '백문이 불여일견'으로 오감을 넘어 공감각까지 장착한 인간에게 실제 경험은 막강한 힘을 갖기 때문이다. 렌트가 만든 팝업의 독특한 매력과 차별점은 브랜드가 하고 싶은 이야기를 고객들에게 가장 가까이에서 직접적으로 들려줄 장치들을 맥락에 따라 다채롭게 구사한다는 점이다. 브랜드의 가치와 철학을 때로는 참신하게, 때로는 뚝심 있게, 의외성과 진심을 담은 진짜 이야기로 고객에게 전달한다.

과거, 현재, 미래의 이야기와 익숙한 것과 낯선 것, 거친 것과 섬세한 것들이 공존하며 경험의 화학 작용을 일으키는 성수동을 중심으로 그 매력을 극대화한 점이 프로젝트 렌트의 힘이다. 렌트는 독립된 실내 공간이 아니라 문밖으로 연결되는 장소성의 파급력을 고려하고, 브랜드 이야기를 지역 문화와 엮어 독특한 경험을 선물한다. 이런 섬세한 경험 전략은 브랜드의 맥락과 고객에 대한 깊은 이해 없이 불가능하다.

공간 경험에서 가장 주의할 것은 브랜드 공간 밖에서 안으로 들어오는 여정(그 여정은 분절된 점이 아니라 연결된 선이다)에서의 적정한 환대다. 환대의 순간은 보이는 것과 보이지 않는 것, 손에 잡히는 것과 잡히지 않는 것의 복합적인 하모니가 만들어 낸다. 지접 대면하는 사람이 있느냐 없느냐는 오케스트라의 완성도를 위해 특정 악기를 적정 순간에 활용하거나 하지 않는 것과 맥락이 같다. 팝업이 한시적인 이벤트에 그치지 않고, 브랜드의 지속성과 성장에 기여하는 생명력을 가진 공간으로 만들기 위해서는 일단 찾아오는 방문객이 지루하지 않아야 한다. 공간을 에워싸는 장소성과 문화적 맥락을 파악하고, 상설전과 기획전을 넘나들며 예상 밖의 변주곡을 선사해야 한다. 그러려면 전체를 보는 시야와 아주 작은 디테일까지 신경 쓸 수 있는 지휘자가 필요하다. 최원석 대표는 최고의 지휘자고, 프로젝트 렌트는 지휘자가 능력을 발휘하기에 최적의 무대다.

새로운 브랜드와 협업해 팝업을 준비하는 최원석 대표는 그 브랜드를 만든 창업자의 마음과 경영자의 머리로 일한다. 그는 브랜드를 둘러싼 세상을 이해하고, 브랜드가 전달하고자 하는 이야기를 청중이 온전히 받아들일 수 있도록 매력적인 접점들을 만드는 선수다. 본질에서 벗어나거나 그 순간만 지나면 잊힐 이야기는 무대에 올리지 않는다. 그 스스로 다양한 경험을 즐기고, 그 안에서 서사를 발견하며, 관계성을 만드는 연습을 오래 해 왔기 때문에 가능한 것 같다.

기술이 발전할수록 인간은 더 인간다운 경험을 찾게 된다. 온·

오프라인이 연결된 세상에서의 다채로운 경험은 우리 일상을 풍요롭게 하기에, 오프라인 매거진을 지향하며 경험을 판매하는 마케팅 플랫폼 프로젝트 렌트가 만들 내일의 이야기를 기대한다.

최소현 ————————————————————

학부에서 산업디자인을, 대학원에서 커뮤니케이션을 전공했다. 1999년 프리챌의 디자인 팀장으로 커리어를 시작하여, 2002년 말 크리에이티브 컨설팅 그룹 퍼셉션을 창업해 2022년까지 대표로 일하며 플레이스 캠프 제주, LG유플러스, 할리스커피 등의 브랜드를 컨설팅했다. 현재 네이버 디자인과 마케팅 부문장으로서 네이버의 서비스와 기업 브랜드 경험을 최적화하는 역할을 하고 있다. 도시와 사회, 공간에 관심이 많으며 인문학과 심리학에 기반해 인간의 삶을 탐구하고 창의적인 해결책을 찾아내기 위해 노력 중이다.

기어코 이어질 인간적인 삶의 근간,
오프라인

김병기

프린츠 대표

사진 **이기태(디자인하우스)**

여름은 여름다워야 하고, 겨울은 겨울다워야 한다. 말은 말다워야 매력이 있고, 글은 글다워야 깊이가 있다. 오프라인의 위기를 말하지만 나는 그 말에 동의하지 않는다. 온라인은 온라인만의 가치가 있고, 오프라인은 오프라인만의 존재감이 있다. 여러 비관의 목소리에도 불구하고 오프라인은 미래에도 여전히 유효할 거라 생각한다. 온라인의 매력을 오프라인이 가질 수 없듯, 그 반대도 마찬가지일 것이다.

우리가 팬데믹 시대를 겪으며 절감했듯이, 누군가를 만나고 어딘가를 방문하는 일은 인간의 자연스럽고 기본적인 욕구다. F&B

브랜드의 오프라인은 다가올 미래에도 그 의미가 현재와 다르지 않을 거라 본다. 공상과학 영화 대부분은 인류의 미래나 공간의 모습을 꽤 디스토피아처럼 그리지만, SF적 세계관에서도 식당이나 카페만큼은 지금의 모습과 크게 다르지 않다. 우리가 먹고 마시고 어울려야 살 수 있는 생명체라서 그런 것 같다.

세상이 빠르게 변화하며 오프라인 공간도 빠르게 변해 가고 있다. 너무 빨리 사라지고 변해 가서 그리움이 깊어질 틈이 없다. 인간은 영혼을 가진 존재라서 변치 않는 무언가에 대한 그리움을 안고 산다. 사라져 버린 공간, 그리고 사라질 공간에 대한 노스탤지어는 갈수록 심화할 것이고, 사람들은 이 정서적 허기를 F&B 공간에서 달래지 않을까 한다. 원두를 볶고 빵과 커피를 만드는 카페 프릳츠의 근간은 오프라인이다. 할 수 있는 한 그 자리를 묵묵히 지켜 나갈 것이다.

성수동에 이사 온 지 8년여가 되어 간다. 이사 올 당시만 해도 성수는 팝업의 성지가 아니었다. 당시 성수는 새로운 에너지를 웅숭깊게 품고 있었지만, 그 에너지의 형체가 선명하게 보이는 동네는 아니었다. 동네 곳곳에 지금처럼 활기가 넘쳤지만, 활기의 동력이 달랐다. 그때의 활기는 '소비'보다는 '생산'이 만들어 낸 것이었다.

성수동은 넓은 평지로 이루어진 동네다. 작은 언덕을 만나기 어려울 정도다. 게다가 큰 숲까지 있다. 느리게 산책하기 참 좋은 동네다. 늘 같은 풍경이 주는 아름다움은 안도감을 준다. 동시에 작은 변화가 주는 즐거움은 언제나 가슴을 설레게 한다. 프로젝트 렌트는 동네 주민에게 늘 새로운 풍경을 만들어 준다. 이번에는 또 어떤 새로운 즐거움을 주시려나, 나도 몰래 기대하게 되는 것이다.

김병기 ──────────────────────

2014년 로스터 김도현, 바리스타 박근하·송성만, 커피 감별사 전경미 그리고 베이커리 '오븐과 주전자'를 운영하던 제빵사 허민수와 함께 프릳츠커피컴퍼니를 공동 창업했다. 공정 무역, 커피를 중심으로 함께 살아가는 사람들과의 공동체, 동기부여가 잘된 사람들의 공동체를 지향하는 프릳츠에서 브랜딩 디렉팅, 남미와 아시아 지역의 생두 구매를 담당한다.

스토리지북앤필름 대표

강영규

사진 **스토리지북앤필름**

Q 렌트와 '퇴사책방'을 기획, 협업한 계기가 무엇인지 궁금하다. 팝업 준비 과
정은 어땠나?

A 2018년 프로젝트 렌트가 본격적으로 공간 대여를 시작하던 때, 스
토리지북앤필름이 7월 한 달 동안 성수동 프로젝트 렌트 1호점에
서 '칠월분점'이라는 이름의 팝업을 진행하며 협업을 시작했다. 성
수동에 사람들이 많이 몰리던 시기는 아니었음에도 손님들의 방문
이 끊임없이 이어졌다. 팝업을 통해 새로운 손님들을 알게 되었고,
손님들도 스토리지북앤필름을 새롭게 알게 되는 계기가 되었다.

　그 후 이따금 최원석 대표님께서 책방으로 오셔서 "뭐 재미있는 거 해 봐요!"라고 말씀하셨다. 2023년 초겨울 책방에 오셔서 여느 때처럼 이런저런 이야기들을 나누다가 GS타워에서 팝업을 해 보면 어떻겠냐고 제안하셨다. 렌트와 함께한 일들은 줄곧 즐거웠던지라 "해 보시죠!"라고 흔쾌히 수락했다. 여러 콘셉트를 살피며 이야기를 나누다가 "대기업이 자리 잡은 건물인데 '퇴사'를 키워드로 일시적인 책방을 꾸려 보면 어떨까요?"라고 최 대표님이 제안하셨다. "오, 재미있을 것 같아요!"라고 바로 답변드렸다.

나만 해도 회사원으로 살다 퇴사한 뒤 온전히 책방을 운영하고 있고, 회사에서 나와 본인이 하고 싶은 일을 하며 생활하는 분들도 워낙 많은 세상이니, 퇴사책방이 열리는 동안 다양한 프로그램을 진행해도 무리가 없겠다고 생각했다. 일정이 정해지고 필요한 책들을 분류하고, 일주일에 하루는 토크, 강연 등이 진행될 수 있게 스케줄을 잡아 2023년 3월 팝업을 시작했다. 프로젝트 렌트와 스토리지북앤필름이 기획과 운영을 함께 담당해 진행하는 데 큰 어려움은 없었다.

Q 팝업을 방문한 주요 고객층과 그들의 피드백이 궁금하다.

A GS타워 2층에 팝업을 열다 보니 아무래도 건물의 직장인들이나 역삼역 주변 회사원들의 주로 찾아왔다. 다만 오후 5시면 영업시간이 끝나 정작 회사원들이 퇴근하고 들리기에는 무리가 있었고, 연차를 내서 오신 분들도 꽤 있었다. "회사 건물에서 퇴사책방이라

니! 너무 좋은 거 아니에요?"라던 고객의 말이 아직도 기억에 남는다. 기획 자체를 재미있게 봐 주시고, 준비한 프로그램들에 뜨거운 반응을 보여 주셨다. 퇴사책방이라는 공간에서 가상의 사직서를 써 보기도 하고, 새로운 일을 하는 사람들의 책을 읽기도 하고, 회사에서 벗어나 본인의 삶을 만들어 가는 사람들의 이야기들을 들을 수 있어 더 의미 있는 팝업이 아니었나 싶다.

Q 또 팝업을 연다면 어떤 콘텐츠로 공간을 채우고 싶은가? 진행했던 팝업에서 보완하거나 발전시키고 싶은 부분이 있는가?

A 프로젝트 렌트와 협업한 팝업 가운데, 상권이 거의 사라진 이대 골목에서 작은 책방 일곱 곳이 모여 함께 연 팝업이 있다. 그때의 기억이 참 좋았다. 젠트리피케이션으로 상권이 무너지는 경우가 흔한데, 동네에 새로운 활력을 주는 팝업이 열린다면 유동 인구가 많아지는 데도 도움이 되지 않을까. 사람들의 발길이 끊이지 않는 성수동뿐 아니라, 기존 상권 가운데 현재 주목받지 않는 지역에서 다양한 가게들이 함께 팝업을 연다면 재미있고, 의미도 있을 것 같다.

책이 만드는 이야기의 힘은 무궁무진하다. 구상할 여유가 충분하다면, 책을 주제로 다양한 팝업을 만들 수도 있겠다. 최 대표님께서 지나가는 말로 대형 이동 책방을 해 보자고 하셨는데, 너무 인상적이어서 늘 기억하고 있다(상황이 된다면 해 볼 수도 있을 것 같다).

"양양 가서 책 파는 거 어때요?"라고 말하던 대표님의 표정이 아직도 생생하다.

Q 팝업과 책방이 함께 그릴 수 있는 출판, 그리고 오프라인 공간의 미래는 어떤 모습이라고 생각하나?

A 팝업은 일시적으로 한 공간에 터를 잡고 운영되는 공간이다. 책방을 팝업으로 연다는 건 다른 업종에 비해 더욱 까다롭고 힘든 일이다. 일단 책이 무겁고, 외부 충격에 훼손이 잘 되는 책의 특성상 최대한 안전하게 이동해야 한다. 요즘은 워낙에 책을 안 봐서 책에 대한 수요가 없을 것 같지만, 그래도 꾸준히 책을 찾는 소비자가 있다.

어쩌면 당연한 일이지만 책방이 책을 판매하는 공간으로서 팝업을 연다면, 여러 가지로 의미 있을 것 같다. 예를 들어 성수동에서 팝업을 운영했을 때 방문자들이 공간에 머물고 책을 읽고 음악을 나누며 "성수동에도 독립책방이 있으면 좋겠다"라는 얘기를 정말 많이 하셨다. 한 지역에 책방이 자리를 잡는다는 건 큰 의미가 있다. 사람들에게 영감을 주고 쉼의 공간의 역할을 할 수 있는 업종이 책방이라고 생각한다. 먹고 마시고 노는 공간도 지역에 정말 필요하지만, 살아 있는 상권에서 책방을 찾기 어려운 것도 사실이다. 아마도 비싼 임대료가 가장 큰 이유일 것이다. 프로젝트 렌트는 작은 브랜드들을 응원하는 것처럼 저렴한 비용으로 일시적으로 공간을 내준다. 이 기회를 통해 겁 많은 책방 운영자들도 용기를 내어 상권이 활성화된 곳에 잠시라도 터를 마련해 볼 수 있지 않을까. 새로운 공간에서 새로운 독자를 만날 수 있고, 그 독자가 책방을 꾸준히 찾는 손님이 될 수도 있다.

온라인으로 쇼핑 채널이 움직이고 있는 가운데 오프라인에 회의적인 시선이 꽤 지배적인 것 같다. 그러나 상품을 직접 보고 만져 보는 경험을 통해 오프라인에서 상품을 구매하기 원하는 분들도 적지 않다. 공간 유지 비용이 조금이나마 줄어든다면, 작은 가게들이 골목마다 자리를 잡으며 생존을 이어 갈 수 있지 않을까 싶다.

Q **책방 대표로서 바라본 프로젝트 렌트는 어떤 브랜드인가? 다른 팝업들과 비교해 렌트 팝업만의 매력과 차별점을 꼽자면 무엇인가?**

A 처음 만들어진 브랜드는 세상이 무섭고 막연히 두렵다. 어떤 것을 해야 할지 잘 모르고, 어떻게 본인의 브랜드를 알려야 할지 막막하다. 프로젝트 렌트를 처음 시작할 때 최 대표님께서 "신생 브랜드가 세상에 잘 나갈 수 있게 인큐베이팅 역할을 하고 싶어요"라고 말씀하셨다. 새로 태어난 브랜드에는 정말 좋은 기회가 될 것 같다고 생각했다. 프로젝트 렌트는 소신껏 부지런히 달려 온 브랜드라 생각한다. 열심히 운영해 주신 덕분에 새로운 가게, 새로운 브랜드가 잠시나마 좋은 공간을 빌려 세상과 소통할 수 있었다.

늘 유심히 렌트의 행보를 살펴보는데, 렌트의 발걸음을 항상 응

원하게 된다. 요즘 성행하는 팝업들은 오직 돈이라는 가치를 중요하게 보는 것 같다. 그런데 렌트는 조금 다르다. 돈보다는 브랜드의 고유한 가치를 보고 팝업을 이어 간다. 이런 사려 깊은 눈이 렌트만의 매력이자 차별점이라 생각한다. 삶을 영위하는 데 돈은 중요한 요소지만, 자본에 함몰되면 그보다 중요한 인간적 가치를 잃게 된다. 팍팍한 세상에 우리가 잃지 말아야 하는 '보이지 않는 가치'에 의미를 두고 운영하는 회사는 정말 대단하다고 생각한다.

강영규 ────────────────────────

2008년 해방촌 언덕에서 필름 카메라를 소개하며 판매하는 작은 상점으로 시작하여 2012년부터 책방으로 변모한 스토리지북앤필름을 운영하고 있다. 독립출판물을 만들기도 하고 소개하고 판매한다. 함께 책을 만드는 프로그램, 글을 쓰는 모임 등 다양한 프로그램들을 함께 진행하며, 독립출판 페어 '리틀프레스 페어', 독립출판 제작자, 독립책방 운영자들의 이야기들을 담고 있는 팟캐스트 '스몰포켓' 등을 운영하고 있다.

사진 **이기태**(디자인하우스)

고객을 직접 만나는
소통의 창구

김율리

ASA 대표, 비건 디저트 연구가

새로운 고객 커뮤니케이션에 눈뜨다

최원석 대표님과의 첫 미팅을 기억한다. '어메이징 오트 카페' 팝업에 비건 디저트를 만드는 협업자로 참여하기로 했다. 내가 맡은 일은 '비건 쿠킹 및 베이킹 클래스'를 진행하는 것과 어메이징 오트를 기반으로 비건 디저트 3종을 완성하는 일이었다.

초기 단계여서 전반적인 방향성이 아직은 어수선할 거라 생각했지만, 팝업 콘셉트와 방향성에 대한 구상은 이미 깔끔하게 정리되어 있었다. 이어 실무 문제까지 빠르게 처리하는 대표님의 모습에 감탄할 수밖에 없었다. 렌트와 협업하는 과정 내내 그들에게서

'안 된다는 비관적 마인드'는 찾아볼 수 없었다. 어떻게든 방법을 찾아 만족스러운 최종 결과물을 만드는 기세 덕에 나까지 덩달아 고무되었다.

직원분들과 미팅하고 메뉴를 구상하는 동안에도 대표님께서는 내가 영감을 얻을 만한 자료들을 함께 찾아 주셨다. 혼자 일하는 것이 익숙한 나에게는 낯선 고마움이었다.

브랜드 콘셉트와 방향성을 발견하다

ASA(에이사)는 식물성 디저트 레시피 개발하고, 브랜드 컨설팅을 하는 브랜드다. 그래서 일반 고객분들을 직접적으로 뵐 기회가 드물다. 어메이징 오트 카페 팝업을 기회로 실제 손님들을 마주 보고 응대하며, 생생한 목소리를 들을 수 있었다. 다소 폐쇄적이었던 ASA의 실물을 봐서 반가웠다는 말씀도 여러 고객분께 직접 들으니 세상의 문이 반쯤 더 열린 기분이었다.

내가 만든 디저트를 즐기는 모습을 두 눈으로 보는 일은 기대보다 행복한 일이었다. 첫입을 먹은 후 휘둥그레진 눈으로 "엄청 맛있어요!"라고 하는 고객님의 모습을 보고, 내 안의 갈증이 해소되는 느낌을 받았다.

팝업이 끝난 뒤, 비건 레시피 수업 문의가 빗발쳤다. 특히 취미로 배워 볼 수 없냐는 요청이 많아 취미 베이킹 반을 개설하기도 했다. 팝업으로 ASA를 처음 알게 된 고객도 여럿 생겼다.

ASA라는 비건 브랜드가 가진 전문적이고 완고한 이미지 때문에 일반 고객분들이 다가오기 조금 어려워하셨는데, 팝업 덕분에 그 벽을 가뿐히 넘고 손을 내어 준 분들도 적지 않았다. ASA의 다음 행보를 궁금해하시는 고객분들도 생겨났다. 렌트와의 협업은 ASA의 방향성에 영향을 주었다. ASA의 스펙트럼이 넓어졌다.

고객의 마음에 각인되다

팝업이 달성해야 하는 목표는 브랜드의 색깔을 각인시키고, 그것을 소비자에게 효과적으로 전달하는 것이다. 뚝심 있는 팬과 충성 소비층을 만들어 내는 스파이크로써 팝업은 의미가 큰 채널이다. 그 중요도를 잘 아는 렌트는 소비자에게 브랜드를 각인시키는 과정에서 절대로 타협하지 않았다. '그냥'과 '대충'이 없었다.

한 가지 일화를 말해 보자면, 팝업을 위해 새로 구상한 파인 디저트 중에 '곳간'이 있었다. 팝업 공간에 곳간이 더 어울리려면, 특별한 용기에 담아 제공하는 게 좋을 것 같았다. 평범한 접시 대신 나무 상자에 디저트를 넣어, 고객들이 선물을 풀듯 상자를 열어 보게 하자고 의견을 냈다. 디저트에 걸맞은 상자를 찾는 게 급선무였는데, 서글프게도 마땅한 나무 상자를 시중에서 구할 수 없었다.

그러나 렌트는 포기하지 않았다. 렌트는 그 디저트만을 위해 오동나무 상자를 제작했다. 다른 회사였다면 그 디저트를 없애거나 사이즈에 맞는 기성품이 없으니 적당한 상자를 사서 디저트 사이즈를 바꾸자고 했을 것 같다.

좋은 기회가 생긴다면 또다시 렌트와 협업하고 싶다.

김율리 ─────────────────────────

제과를 전공하고 여러 호텔 및 카페에서 경력을 쌓았다. 현재 비건 베이킹 스튜디오 ASA 대표이자 비건 파티시에, 비건 베이킹 연구가로서 인기 베이킹 클래스 운영, 식물성 디저트 레시피 개발, 베이커리와 카페 창업 및 브랜드 컨설팅 일을 하고 있다. 주요 프로젝트로는 한남동 윤 티하우스YUN Teahaus 디저트 총괄 디렉팅, 매일유업과의 콜라보 메뉴 개발 등이 있고, 매거진《행복이 가득한 집》에 메뉴와 레시피를 기고하고 있다.

김승섭, 《**아픔이 길이 되려면**》, 동아시아

레이 올든버그, 《**제3의 장소**》, 풀빛

로빈 던바, 《**프렌즈**》, 어크로스

리처드 파인먼, 《**발견하는 즐거움**》, 승산

마스다 무네아키, 《**라이프스타일을 팔다**》, 베가북스

마스다 무네아키, 《**지적자본론**》, 민음사

막스 피카르트, 《**인간과 말**》, 봄날의책

모종린, 《**골목길 자본론**》, 다산3.0

미즈노 마나부, 《**센스의 재발견**》, 하루

서동욱, 《**철학은 날씨를 바꾼다**》, 김영사

서지오 지먼, 《**우리가 알고 있던 마케팅은 끝났다**》, 한국생산성본부

소스타인 베블런, 《**유한계급론**》, 휴머니스트

손자, 《**손자병법**》, 휴머니스트

앨 리스·잭 트라우트, 《**마케팅 불변의 법칙**》, 비즈니스맵

알베르 카뮈, 《**최초의 인간**》, 열린책들

애덤 스미스, 《**국부론**》, 비봉출판사

올리비아 얄롭, 《**인플루언서 탐구**》, 소소의책

유현준, 《**도시는 무엇으로 사는가**》, 을유문화사

장 그르니에, 《**카뮈를 추억하며**》, 민음사

찰스 스펜스, 《**왜 맛있을까**》, 어크로스

토머스 쿤, 《**과학혁명의 구조**》, 까치

하라 켄야, 《**디자인의 디자인**》, 안그라픽스

하라 켄야, 《**저공비행**》, 안그라픽스

하워드 가드너, 《**다중지능**》, 웅진지식하우스

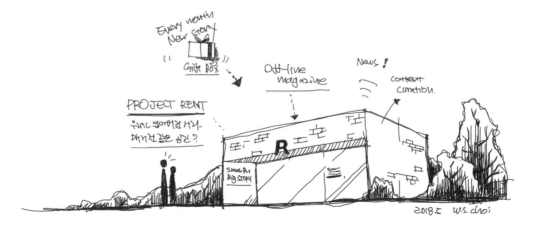

결국, 오프라인

1판 1쇄 인쇄 2024년 5월 17일
1판 1쇄 발행 2024년 5월 24일

지은이 최원석
펴낸이 이영혜
펴낸곳 ㈜디자인하우스

책임편집 김선영
원고정리 박은영
디자인 프롬디자인
교정교열 이진아
홍보마케팅 윤지호
영업 문상식 소은주
제작 정현석, 민나영
콘텐츠자문 김은령
라이프스타일부문장 이영임

출판등록 1977년 8월 19일 제2-208호
주소 서울시 중구 동호로 272
대표전화 02-2275-6151
영업부직통 02-2263-6900
대표메일 dhbooks@design.co.kr
인스타그램 instagram.com/dh_book
홈페이지 designhouse.co.kr

ⓒ최원석, 2024
ISBN 978-89-7041-791-2 03320

디자인하우스는 독자 여러분의 소중한 아이디어와 원고 투고를 기다리고 있습니다.
원고가 있으신 분은 dhbooks@design.co.kr로 개요와 기획 의도, 연락처 등을 보내 주세요.